U0944540

在乎每一只鸟

周明 著

一位教育者的独白

江苏凤凰科学技术出版社 · 南京

图书在版编目(CIP)数据

在乎每一只鸟:一位教育者的独白/周明著.—南京:江苏凤凰科学技术出版社,2019.6 (2025.6 重印)
ISBN 978-7-5713-0449-2

Ⅰ.①在… Ⅱ.①周… Ⅲ.①教育工作—研究 Ⅳ.①G4

中国版本图书馆 CIP 数据核字(2019)第 116888 号

在乎每一只鸟:一位教育者的独白

著　　者　周　明
责任编辑　吴梦琪　刘文芳
责任校对　郝慧华
责任监制　周雅婷

出版发行　江苏凤凰科学技术出版社
出版社地址　南京市湖南路1号A座,邮编:210009
编读信箱　skqsfs@163.com
联系电话　(025)83657623
印　　刷　溧阳市金宇包装印刷有限公司

开　　本　718 mm×1000 mm　1/16
印　　张　14
字　　数　220 000
版　　次　2019年6月第1版
印　　次　2025年6月第4次印刷

标准书号　ISBN 978-7-5713-0449-2
定　　价　40.00元

序

教育：从守住初心出发

如果说教育是一条奔涌不息的长河，那么教育工作者就是这条长河中飞溅的朵朵浪花，教学则是这条长河中行进的环环旋涡。“明者因时而变，知者随事而制”。今天，教育这条奔涌不息的长河悄然拐弯，进入了生机勃勃的“新时代”。作为一名教育工作者，面对教育环境、教育对象、教育手段以及自身的变化，如何回归常识、回归本分、回归初心、回归梦想，坚持与时俱进、创新推进、刻苦求进、聚力奋进，则是摆在我们面前的一个新的重大课题。这就要求我们平心静气地不断思量“该从哪儿出发”，平实耐心地反复叩问“又要到哪里去”。

周明老师就是这样一位“平心静气地不断思量”“平实耐心地反复叩问”的有情有为之人。他二十六年如一日，锲而不舍地辛勤耕耘在中学教育的田园里，取得了一系列可喜的成果。他把最近一年多来关于教育思考的文字，结集成《在乎每一只鸟：一位教育者的独白》一书。通览周明老师这本书，每一辑内容都在提醒我们：教育，需要从守住初心出发。

在周明老师的教育世界中，守住教育的初心，就是“在乎每一只鸟”，厚待不同孩子发展的“星火”，助其“燎原”；就是“顺性而育”，让每个孩子都有发展的成就感；就是引导孩子们珍惜“芳华”，呵护青春“这朵美丽的花”；就是用“教育即心育”的钥匙打开孩子们发展的“心锁”，从而实现“一棵树去摇动另一棵树，一朵云去推动另一朵云，一个灵魂去唤醒另一个灵魂”；就是善于为孩子们的发展“鼓与呼”，让教育教学团队的合力转换成为孩子们健康成长的力量；

就是让“教育的每个阶段都不可替代”的道理根植于家长的心灵深处，重视家庭教育的“有效期”和“黄金期”，融学校教育、家庭教育和社会教育为一体。

周明老师的探索，其理论意义在于以独特的视角回应了“教育的过程，就是不断反思、不断总结、不断完善、不断创新的过程”，其实践价值则聚焦“守住教育的初心”，还须持续发力，久久为功。

首先，须明晰教育的职责，且行且珍惜。责之所在，心之所向。教育不仅仅是平凡的职业，更是崇高的事业。教师，不只是简单的传道授业解惑者，更是学生思想之舟的领航员。教育的神圣职责，需要我们珍惜现有的岗位，全身心地投入与付出；珍爱自己的学生，用“童心母爱”去润泽莘莘学子的成长；珍藏已有的成绩，在新的平台上重新出发；珍惠工作的单位，让其成为团队发展的精神家园。

其次，须把握教育的特质，且行且反思。教育是有“黄金期”的，对于一个孩子而言，其教育的过程往往是不可逆的。教育“不可逆性”的特质在提醒我们，教育的过程，就是反思的过程。要反思教育的宗旨，到底为谁而教？要反思教育的手段，是“以教定学”，还是“以学定教”？要反思教育的评价，是“一把尺子量人”，还是“多个视角更精彩”？

最后，须牢记教育的宗旨，且行且创新。教育的目的，在于让学生能顺应时代潮流，超越自我，成为更好的自己、更高大的自己。这需要我们去创新道德教育，帮助孩子“系好人生第一个纽扣”；需要我们去创新课堂教学，让教室由“填鸭的场所”变成“学习的乐土”；需要我们去创新教育评价，变“千军万马挤独木桥”为“千舟百舸，各行各的海湾，各扬各的风帆，各奔各的彼岸”！

拥抱初心不易，守住初心更难。教育，需要从守住初心出发。

是为序。

胡金波

2019 年 4 月 3 日

目 录

第一辑 | 在乎每一只鸟

第二辑 | 顺性而育

第三辑 | 莫错过了“芳华”

第四辑 | 教育即心育

第五辑 | 孩子，你是我的脸

第六辑 | 谨防家庭教育的“无证驾驶”

第一辑

在乎每一只鸟

关注全面教育，
即教育要关注每一个人。

面对差异很大的孩子，尤其是对待暂时落后的孩子，教育如何做到“目中有人”？让我们一同走进《在乎每一只鸟》。

在乎每一只鸟

「 1 」

在一次家长接待日活动中，一位家长悄悄地把我拉到一边，向我诉说她孩子的遭遇：由于成绩落后，班主任常常在班会课上有意无意地批评孩子，任课老师上课很少提问这个孩子。久而久之，孩子甚至有了退学的念头……家长所反映的现象虽然不那么普遍，却引发了我的深思，似乎自然界中也有这种现象。

雀鸟哺雏时，存在着一种有趣的现象：成鸟在喂养小鸟时，待哺的雏鸟谁叫得最响、嘴张得最大，所得到的食物或喂养的机会就可能最多。久而久之，同巢雏鸟大小悬殊明显，强者愈强，弱者愈弱，有的甚至未及成长，便夭折巢中。

「 2 」

“雀鸟哺雏”现象，遵循的是“物竞天择”的自然法则，是物种生存进化的需要；奇怪的是，类似“雀鸟哺雏”的现象在现行教育中也时有发生。在应试教育的评价体系下，一些教师的眼光只盯住那些考试成绩优秀的学生，对他们往往关爱有加，比对其他学生付出得更多，甚至把他们视为自己心目中的宠儿。

而一些考试成绩不够理想的学生则没有这么幸运，他们或被敷衍，或被冷落，甚至被鄙弃，或被体罚，正如那雏鸟中的弱小者。这些学生很难有成功的快意，有的不待学成便辍学而去，更多的则妄自菲薄、自暴自弃，即使留守校园，也再难觅读书的乐趣，更难有成功的希望。这样一来，优秀者越受关注而越显其强，成绩差者则越受冷落而越显其弱。

「 3 」

同样的现象更多地表现在课堂上。那些成绩优秀的孩子常常有多次机会展示自己的学习成果；成绩差的往往很难有表现的机会，他们成了课堂里的“孤鸟”，就像朱自清散文所描绘的那样——“热闹是他们的，我什么也没有”。课堂上这种“孤鸟现象”让学生两极分化，“差生”就这样批量地产生了。

过量的作业负担让学生失去学习的幸福感，单一的分数评价模式让学生缺少展示特长的舞台，低效的课堂教学让学生缺乏学习的兴趣。可见，许多所谓的“差生”往往是我们教育者自己培养的。

「4」

早在2500多年前，孔子就倡导“有教无类”。“有教无类”的教育原则，其实就是教育要面向全体，就是表明教育的普适性，这要求我们教师要“在乎每一只鸟”。

真正“在乎每一只鸟”，需要“多把尺子量人”。一些地方的教育主管部门要改变分数至上的片面标准，真正建立起全面的、多元的评价机制。学校对教师的评价也不能只盯着分数，更要看他所带班级的学生的“贫富差距”是否扩大，还要看后进生的转化是否有成效，尤其要把学生综合素质的提升作为教师业绩考核的重要指标。

「5」

“在乎每一只鸟”，是对教师师德的基本要求，更是师德建设的重要内容。如果我们教师戴着有色眼镜看人，就会人为地把孩子分为三六九等，就极有可能成为孩子发展的错误的预言家。

可见，提升师德素养，是消除“雀鸟哺雏”现象的关键。广大教师要真正确立面向全体的育人意识，尊重每一名学生，关注个体差异，满足不同学生的学习需求，不放弃每一位差生；要对每一位学生给予热切的期待，就像希腊神话中皮格马利翁的“期待”，能使无生命的木雕化为神奇的仙女一样，成长中的少年，在我们的期待中，一定能成为有用的栋梁。

「 6 」

“在乎每一只鸟”，简单地加强师德建设也是无济于事的，还需要我们在教育实践尤其在课堂教学中大力创新，建设高效课堂，为“每一只鸟”的飞翔提供广阔的天宇。

可见，真正“在乎每一只鸟”，还需要从改进教学方式入手，切实提升教学绩效，促进全体学生共同发展，让学生共享成长的快乐。需要将沉闷的、单一的、封闭的课堂变成灵动的、多元的、开放的课堂，突出自主体验、合作探究、踊跃展示，让课堂成为师生生命互动的“磁场”。

「 7 」

教育，需要“目中有人”。你眼中的人，应该是“差异的人”，教育教学应该顺应这种差异；你眼中的人，应该是“平等的人”，在教育教学过程中应该平等地对待每个孩子，普施爱意；你眼中的人，应该是“发展的人”，教育应顺应这种发展，孩子们才会实现真正的成长。

真正的好医生，不会嫌弃任何一位病人；真正的好农人，会在乎每一棵庄稼。我们应该向医生和农民学习，在教育过程中“在乎每一只鸟”，让每一节课都弥漫着“鸟语花香”，春意盎然。

如何善待孩子的“落后”？如何善待孩子的“差异”？如何善待孩子的“灵感”？让我们一同走进《厚待那“星火”》。

厚待那“星火”

「 1 」

唐代诗人张祜的客愁诗《题金陵渡》，入选《唐诗三百首》：“金陵津渡小山楼，一宿行人自可愁。潮落夜江斜月里，两三星火是瓜洲。”

这是诗人漫游江南时写的一首小诗。张祜夜宿镇江渡口时，面对长江夜景，面对点点星火，面对一轮斜月，面对遥远的故园，抒写了旅途的愁思。

小诗中有“星火”一词，《现代汉语词典》中关于星火有两个解释：一个是“微小的火”，另一个是“流星的光”。从这两个解释可以看出，“星火”有两个基本特征：一是火点比较小，一般是大火飞来的火星或余烬点着的火；二是火光比较短暂，一般是一瞬即逝的光。

总之，星火的特点是“小而短暂”。前一段时间我在延安参加培训，深刻感受了“星火”的内涵，更反思了我们对待“星火”应有的态度……

「 2 」

关于长征有一组数据需要后人铭记：

红军总行程 25 000 余里（1 里 =500 米），跨越了 14 个省份，平均每天行军 69 里。也许在今天的人看来，一天走 69 里路并不算什么。但在那个时代，他们食不果腹，啃树皮、吃野草，还要面对那茫茫的草地、皑皑的白雪、数不尽的追兵、随时可遇的堵截……甚至还要和分裂主义作斗争。

长征途中红军翻越高山 40 余座，其中海拔 4 000 米以上的 20 余座，跨越近 100 条河流，行军途中战斗 600 余次。这样的战斗基本上是遭遇战，大多是临时性决策、临时性战斗。

参加长征的红军师团级将领平均年龄只有 25 岁，最小的红军只有 9 岁。很多红军战士牺牲在了长征途中，他们没有来到陕北，没有亲眼看到抗日战争、解放战争的胜利……

「 3 」

长征途中的红军，真是“星星之火”。他们无处安身，只能在不断的突围中求生存。据陕西延安干部学院的教授介绍，红军曾经七次变更自己的落脚点：从湘西到川黔边，从川西北到云贵川，从川陕边到中苏边界，最终才选定了陕北，选定了延安，因为他们遇见了陕北红军——刘志丹的部队。

面对这样的困境，红军没有退缩，没有颓废，而是迅速地站稳脚跟，一头扎进民众的大海中，根据地从一个县扩展到 2 个县、3 个县、23 个县……

而面对这样的“星火”，陕甘宁边区的民众呵护了“星火”、厚待了“星火”，让星火足以燎原，燃向华北，燃向全中国……

「 4 」

陕西延安干部学院的杨忠虎教授给我们讲了一个故事：

1947 年解放军在转战陕北的过程中，军粮筹集十分困难。在佳县战役前，部队实在没有军粮了，战士们是“数着粮食打仗”，部队首长就将佳县县长叫来，让他想想办法。

这位县长当即表态，佳县老百姓可以提供三天的军粮：将各家的余粮全部上交，可以供第一天的军粮；将偷埋在地下的粮食全部挖出来，可以供第二天的军粮；将全县的牛、驴等牲口全部杀掉，可以供第三天的军粮……部队首长说，前两天军粮可以这么解决，但牛、驴等毕竟是耕作工具，千万不能杀掉。

但佳县战役爆发后，老百姓还是按原计划提供了三天的军粮。《佳县县志》记载：“此役后，佳县三年没有驴叫声。”

杨忠虎教授讲完这个故事后，全场先是一阵寂静，然后是雷鸣般的掌声……

「 5 」

爱因斯坦上小学的一次经历，让我们进一步认识到：对于暂时落后的学生，要给予更多的“厚爱”。

爱因斯坦读小学的时候，有一次上劳作课，同学们都交上了自己的作品：泥鸭、布娃娃等，唯独爱因斯坦没有交。直到第二天，他才送去一只做得很粗糙的小板凳。

老师看了很不满意，说：“我想，世上不会有比这更坏的小板凳了……”

爱因斯坦回答说：“有的。”他不慌不忙地从课桌下面拿出两只小板凳，举起左手说：“这是我第一次做的。”又举起右手说：“这是我第二次做的……刚才交的，是我第三次做的。虽然它还不能使人满意，但总比这两只强一些。”

「 6 」

上面的故事中，显然老师的处理方式是欠妥的。爱因斯坦的这则故事启迪着我们，要善待孩子的“星火”，哪怕暂时看来是可笑的。

善待学生的“落后”，才会为其未来发展提供更多可能。成绩暂时落后的学生，更需要我们多一些呵护，多一些关心，多一些指导，也许他们就会很快地转化。就像田野里生长暂时落后的庄稼，它更需要和煦的阳光、充足的水、适宜的温度，以及科学的管理。

善待学生的“差异”，才会为其未来发展提供更大空间。在 20 世纪 30 年代，信仰共产主义的人还是“少数派”，但陕北人民对待看似“另一种声音”的社会主义思想没有一味地排斥，而是逐渐地接受并践行。同样，面对学生间的差异，教育者要把它看成是资源，是优势，是未来可持续发展的契机。因此，当我们发现学生特殊的兴趣或者潜质时，应该给予他们的发展以最大的助力，让差异最终变成发展的依托。

善待学生的“灵感”，才会为其未来发展提供更多机遇。红军七次更换落脚点，最终到达陕北，即使是选择延安作为落脚点，也是在实践中不断探索与完善的，换言之，陕北人民善待了这种“选择”，才得以让根据地由小变大、由弱变强。同理，学生在其发展过程中，也会有许许多多奇思妙想，也会有灵感的火花。对于他们思维的“星火”，我们应该挖掘其价值，善于“煽风点火”，为其发展提供更多的机遇。

「 7 」

这世上，不是只有强大才会让人景仰，不是只有烈火才会让人澎湃。在教育过程中，有时候，一时落后，却更蕴藏着无限机遇；一些差异，却更彰显着无限可能；一丝“星火”，却更预示着前行的方向；一种厚待，却更考验着我们的良知。

厚待那点点“星火”，因为“星火”可以燎原。

解决学生暂时落后的问题，我们要学会美其所“美”，为其特长点赞；学会美其所“志”，为其理想点赞；学会美其所“进”，为其进步点赞。让我们一同走进《剃头与美发》。

剃头与美发

「 1 」

童年时，剃头这个行业一直让我很感兴趣，我对剃头师傅的技艺一度非常佩服。你看，他们仅仅三五下，就让本来非常乱的头发变得服服帖帖。

青年时，不知从哪一天起，剃头店的名字一夜之间都改成了理发店，店里也多了几面镜子。细想想也对，理发更贴近实际，理发的目的不就是让头发变得更加柔顺吗？

人至中年，忽然发现全城的理发店几乎都消失了，取而代之的是美发店，小小的名称改变，折射着时代变迁下人的价值取向的变化，对头发的追求由“顺”到“美”。

从剃头到理发，从理发到美发，时代在变，名称在变，人的追求也在变。同样，教育者也应因时而变：固守，不是教育；创新，方为教育之魂。

「 2 」

剃头这个小小名称的变化，让我想起了暑假里的一件事。

大约是 2018 年 7 月中旬，姬同学在家人陪同下来到办公室，进门就说：“感谢您，周老师！”

姬同学说：“周老师，三年前我虽然考取了泗洪中学，但属于指标生录取（比我们学校录取分数线低了 10 分），成绩相对较差，但您每月给我们这样的学生们开一次月会，每次都颁奖，让我们重拾了学习的信心。我今年高考考了 355 分，被南京医科大学录取了，而且进了心仪的专业，今天我特意来感谢您！”

姬同学的话，把我的思绪拉回到 2015 年。那一年，考虑到学生的入学差异，我与年级主任商量，把入学成绩后 100 名的同学列入单独的跟踪管理团队，每月召开一次会议。

记得我当时的总体设想是：每月开一次会议，每次会议表彰最近一次考试进步的学生，要一直坚持到高三。

「 3 」

一天晚上，我们召开了 2018 级高一新生中录取分数相对较低的学生会议，约 80 名同学参加了会议，在这次会议上，我们表彰了月考进步的 30 名同学。

会上，有 3 名进步最快的同学作为代表发了言。

一名学生在发言中说，学习的确是一个不轻松的过程，我们在这样的一个过程中或许会有一些劳累，会有一些汗水，但在劳累一天之后，我们也会收获一些快乐：有时我们解决了一道题目，得到了别人的肯定，会有一些成就感；有时我们写出了一篇优美的文章，能够得到别人的赞扬，也会品尝到一些喜悦。

在会议的最后，我向学生们承诺：以后我都会参加你们的月会，下次颁奖，我会给你们铺上红地毯，让你们走一回“星光大道”，现场还会播放颁奖音乐《步步高》，对进步特别大的学生，还要请朗诵社的学生给你们现场朗诵颁奖词……而且，会一直坚持到你们毕业的那一天。

我观察了一下，学生们的兴致都很高，他们在我们的美好期许中奔向了下一个驿站。

「 4 」

姬同学的成功案例以及过去三年对暂时落后的学生的管理实践，给了我们诸多的启发，让我们更有信心去进行新一轮的实践。

再回到本文的题目：剃头与美发。

在泗洪方言里，“剃头”除了理发的意思之外，还有另外一层意思，就是“批评”。长辈会跟晚辈说：事情要好好做，否则我会“剃你的头”。

在本文中，我想把“剃头”比喻成批评，把“美发”比喻成激励、表扬。我的意思是说，在教育过程中，要少一些批评，多一些激励。

「5」

激励，同样也是一门艺术。

每个孩子都是不同的个体，个性不同，基础不同，发展阶段不同。在“美发”（激励）的过程中，我们要注意表扬的度。在我看来，对后进生“美发”（激励）的过程应该注意这么几个方面：

一是美其所“美”，要表扬其特长。

每个孩子都有其独特的一面，有的孩子虽然体育不行，但可能是唱歌的高手；有的孩子数学不好，但在写作上很有天赋；有的孩子英语很差，但其数理化成绩却常常领跑。在这个世界上，全能型人才毕竟是少数，更多的是拥有各种各样特长的人。

对教育者而言，我们要经常拿着显微镜，精心寻找孩子的长处，并及时予以勉励，否则你所谓的表扬，充其量也是“大路货”。

没有指向特长的表扬，也是失败的表扬，根本起不到促进孩子发展的作用，因为，表扬也是一种高科技含量的艺术。

二是美其所“志”，要鼓励其追求。

成绩暂时落后的同学，在学科均衡、学习品质、学习基础、学习环境等方面，或多或少存在着一些不足，但这些不足，不会对其未来的发展产生根本性的影响。孩子的梦想总是五彩缤纷的，作为教育者，我们要对孩子的理想及时予以认可，鼓励他们用行动兑现承诺，用勤奋追求理想。

某著名作家在一次笔会上颇有感慨地说：“这个世界上更多的人，是被别人安排着过完一生的，被安排着学哪门技术，被安排着进哪个学校，被安排着在哪个单位上班……却从来没有真正自己为自己安排一件事情去做。人在这时候，最需要有一只凳子，你站上去，才会发现，你还有着许多没有挖掘出来的才能和智慧。”

这段话，恰恰说明了理想和规划的重要性。对于那些学生，我们要鼓励他们树立远大的理想，因为——心中有岸，不怕远航。

三是美其所“进”，要认可其进步。

对于暂时落后的学生而言，他们的每一点进步，都要比同龄的孩子付出得更多。为此，对他们的评价，更为重要的是认同、鼓励他们的每一次进步。只有这样，才能助推他们不停地进步，不停地靠近自己的理想。

「6」

木桶理论告诉我们，一个团队的高度，不是取决于最长的板子，而是取决于最短的那块板子。可见，解决了短板问题，也就实现了团队由弱变强的目标。因此，暂时落后的学生的教育问题不是可有可无的，恰恰应该是我们教育过程中的核心问题之一。

解决这个问题，关键是我们教师要学会“美发”：学会美其所“美”，为他们的特长点赞；学会美其所“志”，为他们的理想点赞；学会美其所“进”，为他们的进步点赞。

想成为一名真正的美发师，需要有科学的培训，需要有艺术的眼光。同样，要想成为一名优秀的“美发”教师，也需要有针对性的德育培训，需要有欣赏的眼光，更需要有大爱的情怀。

教育过程中，“剃头”（批评）固不可少，但更应该多一些“美发”（表扬），尤其对待后进生，给一点阳光，他们就会灿烂。

如何引导孩子从零开始？既不在失败的阴影里踏上征途，也不留恋于过去曾有的辉煌。让我们一同走进《背负过去，哪有未来？》。

背负过去，哪有未来？

「 1 」

两天前，有幸和同仁们到河北省石家庄精英中学观摩。这所纯民办学校，2010 年曾濒临倒闭，2012 年高考，只有 4 人达一本线，一本达线率只有 1.44%；2018 年高考，1940 人达一本线，一本达线率为 91.6%，6 名学生考入北京大学、清华大学，一名学生还获得河北省文科第一名。

奇迹绝非偶然，在返程的车上，大家都在讨论精英中学成功的原因：有人说是校长李金池个人的人脉资源；也有人说是民办学校特有的机制，可以动用公立学校没有的资源；还有人说是“6+1 课堂模式”成就了李金池，激情文化、激情课堂让精英中学师生始终保持高昂的斗志……

对于精英中学而言，能有今天的成绩，的确归功于李金池的激情文化、高效课堂、精细管理，但是李金池的成功又归功于什么呢？凡事皆有因，在我看来，应归功于他的归零意识，因为——没有归零，哪来开始？

「 2 」

李金池，曾经是河北省衡水中学的校长。20 世纪 90 年代初的衡水中学也曾一度落后，他把这样一所学校带到了全国知名示范高中的高度；他也曾是河北省衡水市教育局的局长，让衡水教育的品牌响彻黄河南北……这样的一位教育名家，2010 年却突然辞去局长的职务，来到了一个濒临倒闭的民办学校。如果他不愿放下身段，不及时归零，还是背负着过去的光环，他又如何有新的开始？没有新的开始，后来又哪有新的征程？

「3」

李金池的故事，让我想起几天前召开高一家长会的事。

为了让新生尽早适应高中生活，我们对高一家长会进行了改革，没有按惯例在期中考试后召开家长会，而是在开学刚刚过了半个月就开家长会，请来了高一的所有家长，我在报告厅给家长们做了一个题为“给孩子一双隐形的翅膀”的讲座。

家长会后，一位家长给我发微信，她问我什么样的成绩可以参加数学奥林匹克竞赛。我回答说，普通班的奥赛培训还没有真正开始，如果想参加奥赛培训，需语数外成绩比较优秀且学有余力才行。

这位家长告诉我，她的孩子曾在县城一所省示范初中就读，非常聪明，数理化成绩非常突出，同学们给这孩子起了许多类似于“物理王子”这样的雅号。班主任为了激发这个孩子学习的热情，甚至和孩子打赌每次考试的排名，结果每次孩子都考出了非常棒的分数。2018 年中考，这孩子虽然数学考了非常高的分数，但其他学科没有考出理想的成绩，总分刚刚越过我们学校的录取分数线。

从家长的微信看，她对孩子的初中学习成绩很满意，对孩子的未来充满了希望，只是认为中考有点小小的遗憾。

我及时给这位家长回了微信：“学习是需要毅力的长跑，不是简单的一两次进步；学习是自主自觉的成长，也不是简单的赌局。昨天已经成为历史，到了高中，已是重新开始，需要我们一切归零。”

「4」

与这位家长的交流，让我想起了 2013 届的一名朱姓同学。

她在一次周记中写道：“每到子夜，时钟都会归零，才会有新的一天；每次称完东西，电子秤都须归零，才会有下一次的称量。”

这个孩子还说：“人也是这样，不管是在成功还是失败后，都要让自己的心能够归零——失败了，重整信心，从零开始，不要在失败的阴影里踏上下一次的征途；成功了，不要留恋于徜徉过去，因为新一轮的挑战又开始了。回首过去，不管是快乐还是伤心，注定已经烟消云散，一切都变得无影无踪，我们要学会及时清零，才能把握未来。”

她周记的结尾进一步打动了我：“对于高三而言，成败是‘家常便饭’，我们都要学会用‘归零’的心态去面对一次次的得失，我们不可能背着‘过去’走向‘未来’。”

「5」

是啊，背负过去的人，如何又能走向未来？

如果你曾经是一个失败的人，背着失败的这个过去不放，你会时时刻刻纠结着曾经的失败，也许纠结于曾经的不努力，纠结于曾经的不专一，纠结于曾经没有把握好机遇。但这只是些简单的反思，无法给你今天的行走带来实质性的帮助。相反，你的简单反思只能让你的负担更重，前行的脚步更慢。

如果你曾经是一个成功的人，背着成功的这个过去不放，你会时时刻刻被曾经的成功裹挟着，也许感恩于曾经的努力，感恩于曾经的专一，感恩于曾经能把握好机遇。这些回忆，心理学上叫“高峰体验”，如果仅仅是心理上的“高峰体验”，那对今天的行走也没有什么实质性的帮助——过去的努力带来了过去的成功，过去的成功只属于过去的努力，它和你今天的成功关系已经不大。如果总是沉浸于昨日的辉煌，那你离失败可能已经不远了。

「6」

在《于丹〈论语〉心得》里，于丹给我们讲了一个故事：

一个小和尚和一个老和尚下山化缘。老和尚背一个姑娘过了河。小和尚一直不敢问，直到走了20里地，觉得太憋闷了，终于就问了：“师父啊，我们是出家人，你怎么能背着那个漂亮姑娘过河呢？”师父神态安宁地告诉他：“你看我把她背过河就把她放下了，而你在心里背了她20里地还没放下。”

关于“老和尚与小和尚”的故事很多很多，但唯有这则故事给人诸多反思：当我们一直背着过去，只能是步履蹒跚，只能是裹足不前，还哪有什么未来？这对刚刚上高一的同学尤其有借鉴意义，早一天忘却过去，才真正拥有美好的未来！

熊培云先生在《自由在高处》的扉页上写了这样一句话：“You the

Freedom.”（你即你自由。）是啊，背负着过去，就意味着戴着枷锁，如果你想飞得更高，你须早一天“背叛”过去，抛弃枷锁。

这样，你才真正会“You the Freedom”。

教育的路上没有“路人”，我们都应是教育的“主角”。如何做好孩子的引路人？让我们一同走进《教育的路上没有“路人”》。

教育的路上没有“路人”

「 1 」

2006 届高三的时候，有一名蔡姓学生，他因为成绩比较差，竟在离高考不到三个月的时候提前打道回府。纵然班主任、年级主任对其反复劝说，也没有阻挡住他回家的脚步。

班主任说，这孩子特别喜欢历史课，让周老师试一试。

记得有一天晚上，我跟这个孩子在电话里交流了 40 多分钟，最终他也没有答应重回学校，他不断强调这个时代读书的意义不是很大，他认为成功的路有千万条，条条大路可以通罗马，高考不是唯一的路，也不一定是最好的路。

我以过来人的口吻反复劝导他，希望他能重新考虑自己的选择。在即将挂电话的那一刻，我说：“我们老师和你的父母对你所说的这些话，都是真心为你好，一个路人不会对你说这些，你说呢？”

「 2 」

2015 年秋季开学的第二天晚自习后，一名高一班主任跑来报告，说他们班两名男生不见了。我们立即组织值班人员在学校周边的网吧寻找，找了一个多小时，仍然没有结果，也与家长联系了，家长说孩子身上有手机，可是班主任打了多次电话，孩子也不接。

等到晚上 12 点左右，学校南门门卫打电话来说，有两名学生模样的孩子在校门口徘徊，我让年级主任和班主任迅速赶过去。

等我到南门的时候，班主任正在大声训斥这两名学生。这两个孩子一脸不服气，一再强调晚自习放学后只是想到城西的超市里买东西，不知道学校有住校生晚上不得外出的规定。

我让班主任到一边消消气，慢慢地问了问学生的基本情况。

我问："我们学校在县城东郊，而你们是到城西的超市买东西，来回路上大约有 10 千米，在这么远的路上，有没有行人问过你们是干什么的？"

孩子回答说："没有。"

我说："那些行色匆匆的路人，不会担心你们的安全，更不会对你们说这么多，只有你们的班主任才会这样批评你们，因为他不是路人，你们说呢？"

两名学生沉默不语。

「 3 」

这两则案例让我联想到，教育之路很漫长，但我们教育工作者不应该有"路人"意识，尤其是班主任。

谨防"路人"意识，班主任需要练好"引导功"。班主任是一个班级的灵魂，是一班学生的精神领袖。"引导功"是班主任最重要的功课，这需要我们创新方式，找准时机，多策并举，让正确的思想成为学生的主流思想，在孩子们的心田里种下向善、向学、向美的种子，并期许他们追求更加美好的未来。

谨防"路人"意识，班主任需要练好"搭桥功"。世间有形形色色的桥，有了桥，就多了路，多了车。其实，在教育管理过程中，班主任需要搭建师生之间的沟通之桥，家校之间的合作之桥，学生之间的友爱之桥。班主任不是简单的传声筒、复印机，而应该是桥的建设者，建设心灵之桥，让班级更和谐，让同学们的心智走向成熟。

谨防"路人"意识，班主任需要练好"纠偏功"。面对孩子的错误，面对孩子的不足，我们不可以隐恶扬善，而要帮助学生深刻认识到错误或不足的实质，帮助他们分析错误的成因，和他们一起探索纠错的路径，同时还要督促他们通过行动践行自己的初衷，来巩固"纠偏"的成果。

「 4 」

这两则案例同样让我想到，不仅班主任不可以有"路人"意识，普通的任课教师同样不可有"路人"意识。

谨防“路人”意识，需要杜绝教而不管的现象。一些教师认为，教师的主要职能是教学，而管理的责任主要靠班主任。具有此类想法的教师，应该不是一名合格的教师。唐代文学家韩愈将教师的职能定义为传道、授业、解惑，如果我们把教师的职能简单定义为教学，那教师充其量只是承担了授业的职能。但教育的更大功能在于传道，在于给予学生正确的价值导引，在于教师应该是一盏盏明灯，给迷惘的孩子带去光明。在我们的身边，教而不管的老师还很多，这样的教师，其教学水平也难有大的提高。

谨防“路人”意识，需要杜绝教而不研的现象。许多教师一辈子教 3~5 本书，循环往复，职业倦怠在所难免。但是，教育是特殊的行业，需要我们与时俱进，需要我们在创新中求生存、谋发展。提高学校教育水平的核心在教师，提升教师水平的核心在科研。有了科研的翅膀，教师才能换个姿势领跑，才能有效规避职业倦怠，才能给予学生更高更远的引领。试想，如果一名教师一辈子不关注教育科研，即使他一辈子都身处教育的沃野，这和一名在路边看热闹的路人有什么区别？

「5」

从某种意义上看，教育是遗憾的艺术，在教育的良心路上，还没有谁可以将教育演绎得完美无缺。但我始终相信，拥有爱心的人，善于引导的人，探索新路的人，坚守道义的人，会让教育更加趋于生动，更加贴近孩子的天性，更加接近教育的本真。

教育的起始点和归宿都很重要，时间会检验一切。正如著名作家白落梅所说：“时间永远是旁观者，所有的过程和结果，都需要我们自己承担。”教育的特殊性告诉我们，教育其实是条单行线，其产生的损失是难以挽回的。

据说，浙江省某影视基地有许多群众演员，他们每天在路人甲和路人乙的角色中转换。而教育不是影视剧，教育的路上没有“路人”，我们都应是教育的“主角”。

教育至爱在初心，教育最难在初心。教育者如何始终保持一份初心，不因岁月的流逝而斑驳，不因风雨的冲刷而失色？让我们一同走进《初心最难》。

初心最难

「1」

近日，我一直奔忙在高一招生的第一线。

有的学校为了揽住优生，不惜给予形形色色的承诺，说你考入我们学校后，优秀的教师团队在三年里将爱你如子，将一直关注你的成长……凡此种种，都让懵懵懂懂的初三孩子不知所措，他们好像一下子从糠箩跳进了米箩，突然觉得高中学校是如此重视学生。

暂且把这一段招生时期称之为学校与新生的“初恋期”，这一时期的想法、初衷、承诺、表现可以统称为初心。

对于学校而言，最重要的不是今天特殊时期的初心，而是我们在学生今后漫长而重要的高中生涯中，如何不忘初心，践行初心，并最终实现初心。

「2」

每个人在一定时期都有自己的初心。

人生嘉年华，都在少年梦。我小时候，家徒四壁，一心向学，那时候我的初心就是能考上师范学校，跳出农门，有个饭碗，不再头顶烈日锄地，不再冒着暴雨栽秧，不再在雨天里放牛……

后来，我如愿以偿，走进了心仪的大学，读了喜欢的专业，毕业后被分配到一所中学执教。一直到那个时候，我从事教育的初心依然是为了生存。

有些爱，是在工作中慢慢养成的。教育之爱，是在岁月的历练中慢慢沉淀的：当你发现有的孩子因家贫而无法继续学业时，当你发现有的学生因陷入早恋而不能自拔时，当你发现有的孩子把阅读武侠小说作为主业时……你心头那一份责任就会油然而生——要及时拉他一把。

也许，“拉他一把”就是我从教的初心。

「 3 」

教育至爱在初心，这要求我们对孩子始终保持着最初的态度。

我曾经问一名学生：“你可以选择父母吗？”学生答：“当然不能。”既然父母是不可以选择的，那父母对孩子的爱也应该是无条件的。

可无论是老师，还是父母，对待孩子的态度往往伴随着孩子的变化而变化：他愈乖，他愈懂礼貌，他成绩愈好，他兴趣愈广泛，往往老师和家长都对他呵护有加。

相反，对于那些成绩差的、不听话的、标新立异的孩子，家长和老师的态度往往是批评、指责甚至讥讽。这样的孩子如果问家长或老师：“在我很小、很乖的时候，你们为什么不这样对我？”那你该如何作答？

做家长很容易，做老师也不难，但是始终保持对孩子那最初的态度却十分不易，这需要我们始终牢记教育至爱在初心。

「 4 」

教育至爱在初心，这要求我们对孩子始终保持着最初的热情。

人与人相处，情感疲劳似乎很正常。但教育是百年大计、千年大计，这种情感疲劳是一定要预防的，对待孩子，我们要始终保持一份热情、一份初心。

保持一份初心，需要我们成为孩子的引路人：引导孩子做一个至善的人，用善良的目光去打量这个世界，用善意的态度去呵护这个世界；引导孩子做一个至真的人，始终保持一颗单纯的心，保持一份理想主义的色彩；引导孩子做一个至爱的人，始终保持一颗友爱的心，去关注苍生疾苦，关爱弱势群体；引导孩子做一个至美的人，热爱美丽的世界，崇尚美好的生活……

保持一份初心，需要我们成为孩子的铺路人。有人将教师形容为铺路石，在我看来，铺路石的伟大在于奉献自己、成就他人。“没有状元老师，却有状元学生。”事实上，古往今来，凡是中状元的，可能没有一个是从事教育的。相反，几乎所有状元，都是老师们精心培育的结果。教育者就应该有这样的情怀：要将路铺得又直又宽，虽然自己不是状元，但也要把孩子们培养成各行各业的状元。

「5」

假如高中三年里，我们始终能满面春风地对待当年那个前来咨询的孩子；假如高中三年里，我们能时刻不忘当年自己许下的种种承诺；假如高中三年里，我们能千方百计践行着自己的初心，那么，孩子都将成为最好的学生，教师也会成为最好的教师。

保持一份初心似乎并不难，难就难在面对学生变化时我们有没有变化，难就难在我们心中那一份坚守是否还在，难就难在对于教育的执着是否因为职业的倦怠而消亡。

近三十年的教育生涯告诉我，教育的过程不仅仅是我们在引导孩子，也是孩子在引导我们。对孩子的期待，对孩子的呵护，对孩子的扶持，不因岁月的流逝而斑驳，不因风雨的冲刷而失色，不因青春的多变而淡化。我们要始终牢记——教育至爱在初心，教育最难在初心。

着眼一辈子的教育，需要有大的教育情怀。如何引导孩子把学校的教育看作自己发展的基因，始终以母校为荣？让我们一同走进《背着母校去行走》。

背着母校去行走

「 1 」

2011 年底的一次聚会上，一个学生跑过来对我说："周老师，我初三毕业的时候，您在我毕业纪念册上写了留言——若将天地常揣摩，妙理终有一日开。"

她还说，这些年，她一直把我这句话作为座右铭，激励自己去奋斗："我现在是某品牌泗洪地区总代理。"

不过，她还是有点遗憾："当时，我的成绩不好，您作为班主任没有看不起我，而是鼓励我好好学习。最遗憾的是我的成绩一直很差，总觉得对不住您。"

我当时安慰她说，成绩只是一阵子，做人却是一辈子。

「 2 」

2010 年，有一则新闻说，高瓴资本创始人张磊向母校耶鲁大学捐款 8 888 888 美元，这一捐款创耶鲁管理学院中国毕业生个人捐款纪录，一时间在国内引起了广泛关注。

张磊何许人也？他 1989 年考入中国人民大学，专业是国际金融。1998 年，他来到耶鲁大学读研。

他在解释为什么要捐钱给耶鲁大学时说："耶鲁管理学院改变了我的一生。"算起来，张磊在国内从小学上到大学，经过了国内 16 年的基础教育和高等教育，按理说，他最应该感恩的是曾经就读过的小学、中学或大学，可他为什么偏偏钟情于耶鲁大学呢？

我们不禁疑惑：耶鲁大学到底是通过什么来让学子如此钟情？

「3」

从国内的新闻报道中，我们可以找到一些耶鲁大学关爱学生的蛛丝马迹。

即使招生标准再严格，耶鲁大学也注意所招男女生性别的平衡，其目的不言而喻。

即使学生毕业了，学校每年选举校董，也会把选票寄给学生，并且通过电子邮件等通信手段反复督促投票。在美国，校董事会是学校的最高权力机构，连校长也是校董事会任命的。在耶鲁，即使你毕业了，学校也没有忘记你，始终把你看成学校的主人，连选举学校最高权力机构也会听取你的意见。

即使像耶鲁这样的学校，也有许多校友一时找不到工作。这时，学校会考虑把你在耶鲁读书的学费退给你，因为在学校看来，毕业生找不到工作，学校是有责任的——没有把你培养成更适应社会需要的人。

也有的学生在毕业时还没有还清学费，这时候耶鲁的做法是全免。你没有能力还清学费，说明你就业时没有找到高薪的工作，学校连说声“对不起”尚且来不及，怎么还能向你追讨学费呢？

「4」

上述两则案例，看上去好像没有什么联系，一个孩子是初中毕业，一个是耶鲁大学的高才生，两则案例似乎没有什么共性。

但是，两则案例都涉及了同一个问题，即一所学校如何对待学子：是追求以分数为唯一的评价体系，还是给了孩子一辈子的教育？

着眼于一辈子的教育，需要有大的教育情怀。

「5」

着眼于一辈子的教育，需要从学生实际需求出发。中考、高考当然需要分数，但是未来生活更需要的是孩子的实际能力，包括知识更新的能力、与人沟通的能力、团队合作的能力、终身学习的能力，而这些能力是无法通过简单的高分数来实现的。如果我们的眼中只有分数，这会在一定程度上降低对学生能力培养的投入，实际上是减少了培养孩子适应未来的机会。孩子的培养是有黄金期的，一旦错失，再难有弥补的机会。

着眼于一辈子的教育，需要真正对孩子的前途负责。耶鲁大学能够把学生没有及时就业看成是自己的事，那我们的学校和教师有没有把学生没有考入理想大学、大学毕业后没有找到理想的工作看成是自己的责任？我们常常看到这样的场景：一些名师吹嘘自己培养了多少优秀学生，谁谁谁是自己培养出来的……但很少听到老师这样的自责：×× 届有 ×× 名学生没有考入理想的学校，在 ××× 同学培养问题上我应该负主要责任，××× 同学现在工作生活不如意，我们几个老师是有责任的……

着眼于一辈子的教育，需要把学校始终看作孩子的“娘家”。农村有“出门的闺女泼出的水”之说，意思是女儿嫁人了，就成为人家的人了。其实，许多学校现在也有这样的心态：一旦学生毕业了，他或她就是“出门的闺女”，似乎从此与母校割断了脐带，今后的发展就与母校没有任何的关系了。孩子一旦离开了学校，我们就会很快把他们忘掉，我们的教育似乎总是着眼于一阵子，而孩子从此也再无“娘家”。

「6」

爱总是相互的。

如果学校对学生的关心能始终如一，不因时间的迁移而变淡，不因校友地位高低而区别对待，我想，校友也会时时刻刻把自己看成是母校的一部分，会把学校的教育看作自己发展的基因，会始终以母校为荣，会始终在心里装着母校，背着母校去行走。

「7」

当然，能否背着母校去行走，取决于母校所给予莘莘学子的，是一辈子的教育，还是一阵子的教学。

教育，不仅仅是提灯的事业，也是吹雾的事业。如何帮助孩子吹开心中的雾，去找到回家的路？让我们一同走进《吹开心中的雾》。

吹开心中的雾

「 1 」

晚上跑步的时候，再次聆听了《回家的路》——“回家吧孤独 / 孤独还等待着安抚 / 脱下那一层一层的戏服 / 吹开心中的雾 / 回家的路 / 拍一拍肩上沾染的尘土 / 再累也一样坚持的脚步 / 回家真的幸福……”

这首《回家的路》，因为其动人的歌词和旋律，因为其中蕴含着过年的氛围，感动了许多人。

今晚再听这首歌时，似乎有不同的体验，尤其是那句“吹开心中的雾”，让我想起了几年前的一名学生。

「 2 」

几年前，班中一女生与高年级一位被学校开除的男生关系密切，遭到了家长的坚决反对。在一次与父母争吵之后，这孩子竟离家出走，几天后才在亲戚家被找到。

按照学校有关规定，这样的学生应该被劝退，但她的父母苦苦请求，恳求学校再给一次机会。当我决定再给这个孩子一次机会的时候，心中也没有底，因为和同样处于心理逆反期的孩子相比，这个孩子的逆反表现似乎更加明显：在班中很少与同学沟通，喜欢与外班的孩子玩，听不得老师批评，老师批评了几句，她会摔课本甚至夺门而出……

面对她父母的苦苦哀求，我心软了，勉强答应再给她一次机会。我当时心里想，这样的孩子即使回到班里，也会“人在曹营心在汉”，很难用心在学习上。

「 3 」

20 多年的教书生涯告诉我，每个孩子都有教育好的可能，需要我们付出耐心与爱心。

换言之，我对她毕竟没有死心，便试着逐步改变她，经常在班里当众表扬她，说其外语的特长是她未来成功的基石。一次，在上“西方的启蒙运动”一课时，我似乎无意识地说了一句：“如果 ××× 同学能够把这些思想家的作品翻译成中文，我们就更能深刻地走进这些思想家，走进那个时代。”

万万没想到，在几周后“致 20 年后的我一封信”的主题班会上，这个孩子给 20 年后的自己写信的称呼是：“尊敬的翻译家 ×××”。这让我很吃惊，因为没想到这名学生这么在乎课堂上老师无意识的一句话。

后来，这个孩子成绩逐步提升，和父母的关系也越来越亲密，考上了一所大学的英语系，去追寻自己的翻译家梦想。

「 4 」

这个孩子的故事让我认识到，人的思想就像一条变化的河流，它途经不同的地形地貌，就会发生阶段性的变化。我们做班主任或家长的，都要顺应这种变化，更要引导这种变化。

孩子毕竟是孩子，他们人生阅历少，对事物的认知难免有所偏颇。面对所谓的“问题生”，我们急不得，也慢不得，更责怪不得。在这方面，我们应该向盆景园里的花工们学习，面对繁枝错节，他们不会采用统一的修剪，而是顺应着盆景生长的方向进行修剪。这样，就将盆景的变化趋势与花工们的期待融为一体，既满足了盆景的个性，又顺应花工心中的“路线图”，两全其美，何乐而不为？

花工们的行为，其实就是对盆景的引导，这种引导不是“一刀切”，而是顺应盆景的长势，顺应盆景的变化。

变化，只要方向正确，就会硕果累累。

「 5 」

这个案例还让我认识到，只有吹开心中的雾，孩子才能找到回家的路。

人的一生，其实就是不断犯错误和不断改正错误的过程。如果这一命题成立，那孩子犯错误的现象，就是非常正常的现象。

面对孩子的错误，教育工作者有许多选项来帮助孩子改正错误：你可以“冷处理”，暂时不谈错误，这样给孩子一个缓冲的机会，有利于他自己去认识错误并改正错误；你也可以“热处理”，讲清错误的原因，希望他及时改正；你还可以“暖处理”，动之以情，晓之以理，从情感出发，打动孩子……

不管你采取怎样的处理方式，实质都在帮助孩子吹开心中的雾。没有了雾霾，孩子前进的方向就会更加明确。

「 6 」

帮助孩子吹开心中的雾，去找到回家的路，应该成为我们教育工作者的基本功，否则，又怎么能说教育是太阳底下最光辉的职业?

可是，反观我们的现实，的确让人心寒。

以我从事的高中历史教学为例，伴随着高考竞争的愈演愈烈，高考难度也越来越大。在这样的背景下，历史教育被无奈地降格成历史教学，历史教学又简单地降格为备考教学，备考教学很自然地降格为“题海战术”。课堂的历史味越来越淡了，考试味越来越浓了，历史教育的本真逐渐失去，历史教学的宗旨逐渐模糊，就像小时候故乡那夜行的人没有了马灯。

在教育竞争激烈的环境下，教育降格为备考，再侈谈对孩子思想的正确引导，似乎不合时宜。我只能在心中祈祷，教育早一点回归本真。

「 7 」

帮助孩子吹开心中的雾，需要找到方法。否则，你不仅帮不了孩子，还可能让孩子心中有更多的迷雾。

找到吹开迷雾的方法，其实就是发现孩子的优点，并将孩子的优点不断地放大，有意无意地夸孩子。当孩子的优点被你放大，你就容易靠近他，走进他的心灵，这时候再指出他的错误，他就更容易接受。这样，他真的成为你的“俘虏”了，因为你捕获了他的心。

夸孩子，也要讲艺术，原则上背地里夸孩子效果会更好，特别是背地里在他好朋友的面前夸他。因为，好朋友会把你的赞美告诉他。

「8」

教育，不是简单的加减乘除。

教育，不仅仅是提灯的事业，更是吹开迷雾的事业。

教育评价是教育发展的主要支撑。如何给予学生科学的评价，并以评价促进学生的发展？让我们一同走进《当麻雀不再是“四害”》。

当麻雀不再是“四害”

「 1 」

童年的时候，家境贫寒，没有玩具，自然界就是我们玩耍的天地，那时候喜欢各种鸟，尤其是麻雀。麻雀和其他的鸟不同，我们一年四季都可以看到它。

麻雀娇小而灵动，整天在你的眼前飞来飞去，或栖于树枝，或停于屋顶，或独立于电线上，叽叽喳喳。它随遇而安，没有大型的雀窝，屋檐下、草堆旁、猪圈里……到处可见麻雀的窝。

麻雀总是坚守着自己的故园，属于留鸟一族，从不像其他候鸟那样，秋天向南飞，初夏向北飞。

「 2 」

麻雀多活动在人们居住的地方，性极活泼，胆子大，易近人，但警惕性非常高。因为麻雀非常近人，多在有人类活动的环境出现，所以有人形象地将它们称为“会飞的老鼠”。

「 3 」

童年的时候，冬天特别冷。连续几天的降雪，满世界洁白一片，麻雀等留鸟几天没有饭食。这时候，我们常常用一根棍子支起一只破箩筐，并用一根长绳子拴住棍子的底部，在箩筐下面放些稻谷，在远处手持绳子观察。

不一会儿，几只麻雀就会悄悄地来了，一开始有点拘谨和警惕。当其中一只胆大的麻雀蹦进了箩筐下安心地吃食时，其他的麻雀立即蜂拥而至。这时候，只要你轻轻拉下绳子……

不过，捕获的麻雀我们极少吃它，大多是出于好奇，用牢固的线拴住，作为童年的玩具。可麻雀的脾气比较暴烈，幼雀逮住了还能养几天，成年雀有的一夜都挨不过去，它一般会不吃不喝，直到气绝……据说它是被“气死”的，故笼养鸟中总没有麻雀的身影。

现在回想起来，童年的种种趣乐，似乎都和麻雀有关，那浅灰色的小影子，光溜溜的脑瓜，红红的三角爪，每天都像一位歌者，这些回忆经常萦绕在脑海……

「 4 」

爱人在小学教科学，有一天我和她谈起害虫、益虫的事，她说现在小学《科学》课本上已经没有了害虫、益虫之分，看来，苍蝇已经从“黑名单”中抹掉了。

其实，所谓的害虫、益虫都是人为的区分，人们常常把啃食农作物的昆虫或者对人类生活造成负面影响的昆虫列为害虫，把以这些害虫为食的昆虫列为益虫。

虫类进食类型有所不同，就像人类一样，有的人喜欢吃素食，有的人喜欢吃肉。就像不能简单地把喜欢吃素食的人定义为“益人”、把喜欢吃肉的人定义为“害人”一样，我们不可以仅凭进食类型来判断虫类有益或者有害。

换个视角看，从生态学上来说，将昆虫分为害虫和益虫是不科学的。每一类型的昆虫都是食物链上不可或缺的环节，缺少了某一类型昆虫，食物链就会被破坏，就会影响生态平衡。

「 5 」

自然界的规律不可违背，我们教育生态的规律同样不可违背。

我们不可简单地通过某一个标准，如考试成绩或者学生的行为，把学生分为“优生”或者“差生”，因为，你很难保证这些标准是否科学。学生之间本身有差异，评价标准本应是多元的。

一方面，简单地用学生成绩分类，等于对评价标准也进行了分类，即有的标准是优的，而有的标准是劣的，这显然是不科学的；另一方面，差异本身就是一种资源，家长或教师应该想方设法开发、利用这种资源，让学生差异的资源服务于他们的发展，助推他们成为优秀的自我。

「 6 」

事实上，许多所谓的“差生”就是我们通过一定的标准简单分类的结果，如果仅仅按照学业成绩来分类，就会得出这样的结果——

华罗庚不是好学生，因为他只有初中学历，读中专不到一年就中途辍学了；钱锺书也不是好学生，他报考清华大学时数学只考了15分；俞敏洪更不是好学生，他高三复读了三年才考上大学；乔布斯同样不是好学生，大学才刚刚念了一学期就退学了……

如果根据学业成绩，学校里可能会有“优生”“差生”之说，可是在现实生活中，当年学校里的“优生”“差生”，在社会发展过程中却不一定仍是“优生”或者“差生”。看来，学校教育真的需要和社会需求无缝对接了。

「 7 」

学校教育要和社会需求无缝对接，首先其评价标准就应该与社会“无缝对接”，否则，学校教育和社会需求永远是“两张皮”。麻雀从“四害”中消失，“害虫”一说淡出了小学的教材……这些现象表明：社会在进步。各行各业都应该从自然界中领悟到基本的规律，教育也不例外，这就是道法自然的境界。

但愿，不仅我们的校园里再无“差生”一说，更重要的是我们潜意识里也能再无“差生”。

“后进生”教育一直是教育的难题。教育者如何通过“发现的目光”“赏识的目光”“爱意的目光”去走进“后进生”的世界？让我们一同走进《在人群中多看了你一眼》。

在人群中多看了你一眼

「 1 」

“只是因为在人群中多看了你一眼，再也没能忘掉你容颜，梦想着偶然能有一天再相见……”一首《传奇》感动了几乎各个年龄层次的人，唱哭了多少有情人。

昨天夜行跑步，再次聆听了《传奇》，感触似乎又多了一层。联想到我们的教育，如果我们每名教师都能在人群中多看学生一眼，也许师生之间的隔膜会少许多，校园也会更加和谐，媒体上关于学生悲剧案例的报道也会少许多。

我也常常看到这样的议论，说“后进生”往往是教师或家长培养的。且不论这种说法是否正确，但有一点是肯定的，老师或家长对待孩子的态度倾向，在一定程度上决定着孩子的发展方向。

换言之，你的希望在哪里，孩子往往就会奔向哪里，你的希望往往成为孩子发展的爱的源泉。

「 2 」

网上有这样一则故事：有一个5岁小男孩，得了一种“怪病”，两条腿不一样长，走起路来像个小鸭子，经常遭到小朋友的嘲笑。懵懂的小男孩不知原因，将求助的目光投向了父母。

父母忍着泪水骗他说：“孩子，这不是病，只要你经常走走，锻炼锻炼就会好的。”孩子相信父母的话，一直走着……当然，这孩子直到长大，也没有改变走路的姿势，但成年的他并没有因为自己走路难看而自卑，因为他从父母那里获得了爱的滋润，获得了鼓励的力量。对父母的感恩，让他足以面对人生旅程中的一切不顺和艰难。

这个故事给了我们许多启迪。

「 3 」

在我们身边，的确有一些得了“怪病”的孩子，他们的“病”是很快“痊愈”还是继续“恶化”，关键在于师长的态度。如果老师或家长有正确的态度，辅之以正确的教育方式，所谓的“怪病”就不会击垮孩子。

换个视角看，有“怪病”的孩子更需要师长的帮助，需要我们“多看他们一眼”。

「 4 」

在人群中多看孩子一眼，需要我们发现的目光。

儿童千差万别，如果简单地把差异看成是差别或差距，那对儿童的发展大多是负面的。相反，如果把儿童的差异看成是教育的资源或者是教育的“富矿”，看成是发展所需的特长或“特异”，则会有助于孩子梦想的实现。

某节目总冠军有三句经典台词：第一句是“我就是我，不一样的烟火”，第二句是“我就是我，不一样的花朵”，第三句是“我就是我，不一样的水果”。如果为人师、为人父母者都能把孩子看成是“不一样的烟火”“不一样的花朵”“不一样的水果”，那你的发现的目光一定会成就孩子不一样的人生。

「 5 」

在人群中多看孩子一眼，需要我们赏识的目光。

发现儿童的不同，的确很困难；但更难的，是去赏识这种不同。英国科学家麦克劳德上小学的时候曾经偷偷杀死了校长家的狗，这在西方国家显然是难以原谅的事情，但麦克劳德遇到了一位高明的校长，他对麦克劳德的惩罚是画出两张解剖图。正是这个包含宽容和期待的“惩罚”，使小麦克劳德从此爱上了生物学，并最终因发现胰岛素在治疗糖尿病中的作用而获得了诺贝尔奖。

可见，发现是赏识的基础，赏识是发现的目的，只有发自内心去赏识儿童，你的发现才真正拥有价值。

「6」

在人群中多看孩子一眼，需要我们爱意的目光。

法国电影《放牛班的春天》讲述的就是老师之爱。影片里的马修老师用爱心谱写了一首神奇之歌，他用音乐和自己的故事慢慢地打开了那群孩子的心扉，帮助那些曾被称为“池塘之底”的学生，让他们找到属于自己的人生价值。

电影中的马修老师对每名孩子，哪怕是有“怪病”的孩子，都始终给予着爱的目光。这和上文中 5 岁小男孩的故事一样，那对父母对孩子始终充满着宽容、爱意，是大爱改变了这个小男孩的命运。如果老师都能爱生如爱子，家长都能爱子如爱己，师生之间、家长与孩子之间就会多几座桥，少几堵墙，所谓的“后进生”也会越来越少。

「7」

前不久，一位同事帮助外出培训的老师代了一周的课，一周过后，她回到了自己的班级。没想到她收到一名来自代课班级所谓“后进生”的来信，这位学生是该班老师眼中的“问题生”，可他在给我同事的信中却写了满满的思念，写了满满的感谢……

我们都很好奇，问同事一周 3 节课是如何让那位“后进生”如此正向变化的，我的同事若有所悟地说：“可能是我在人群中多看了他一眼……”

如何对已经毕业的孩子寄予更多美好的期待，让他们始终保持那一份自信、单纯、爱心与坚守？让我们一同走进《我的故事都是关于你们》。

我的故事都是关于你们

最近，在网络上听了一首《纸短情长》，优美的旋律，如诗般的歌词，无疑都在敲打着我的心——

你陪我步入蝉夏／越过城市喧嚣／歌声还在游走／你榴花般的双眸／不见你的温柔／丢失花间欢笑／岁月无法停留／流云的等候／我真的好想你／在每一个雨季／你选择遗忘的／是我最不舍的／纸短情长啊／道不尽太多涟漪／我的故事都是关于你呀……

机缘巧合，还有一首《成都》，同样也字字“诛心”，让我在歌声中热泪盈眶——

让我掉下眼泪的／不止昨夜的酒／让我依依不舍的／不止你的温柔／余路还要走多久／你攥着我的手／让我感到为难的／是挣扎的自由／分别总是在九月／回忆是思念的愁……

著名诗人艾青曾说：“为什么我的眼里常含泪水？因为我对这土地爱得深沉……”我要说，为什么我的眼里常含泪水？因为我对这届学生爱得深沉……

2018 年 6 月 9 日晚上，我像往常一样走向三号教学楼，昨天这个时刻，还有沸腾的读书声，而此时此刻，已是人去楼空。泪水再也忍不住，我在微信上写下这样一段话：再见了，再也看不到你们奋斗的背影；再见了，再也看不到你们读书的激情；再见了，再也看不到你们用功的眼神；再见了，再也听不到李健主任给你们的句句提醒……此时此刻，只有我的泪眼蒙眬，要知道，纸短情长，我的故事都是关于你们呀。

6 月 10 日早晨，一位高三班主任告诉我，他早上 5：30 起床，赶紧洗漱，准备冲下楼到学校管理早自习，在快速关门的那一刻，才猛然意识到，高考已经结束，孩子们已经回家。他怅然若失，重新打开门，走进这三年来常常被无数次遗忘的家。

从 2015 年的 7 月 1 日起，我就和 2018 届的孩子们一起走过三年的风风雨雨，我的故事都是关于你们——

我的故事都是关于你们，尤其当你们情同手足的时候。记得，初三直升班的一名孩子想到外地求学，在校长办公室，班主任来了，年级主任来了，这孩子还是执意要走，他的理由只有一个：我要到外面去锻炼锻炼。正在大家失望至极的时刻，班长孙于清带着几名同学出现在门口，手里拿着刚买的奶油面包。她动情地对那位想外出求学的同学说："我们都是兄弟姊妹，都是一家人，一家人就应该在一起……"班长的一番话，让这个同学瞬间泪奔，表示不再外出……三年来，这样的例子举不胜举，一次次感动着我。高三（2）班的一名男同学脚骨折了，他的班级在 5 楼，（2）班的孩子们不辞劳苦，每天在一楼等候他，轮流把他背上 5 楼的教室。

我的故事都是关于你们，尤其当你们心怀团队的时候。2017 年的冬天特别冷，雪下得特别大，稍不留神，就会滑倒在地。有一天傍晚，华灯初上，大雪纷飞，同学们陆陆续续从食堂赶回教室，准备上晚自习。这时候，高三（25）班的一名男同学，一直站在教室门前，身上飘满了雪，在提醒着邻班的同学："请大家不要走我们班走廊，地板砖太滑了！"值班的老师告诉我，这个孩子已经在雪地里站了半个小时，早已成了"雪人"。看到此情此景，我们非常欣慰，在我们看来，教育不仅仅是成绩的提升，更为重要的是，让每个孩子心中有他人，有温暖，有人文。

我的故事都是关于你们，尤其当你们重拾自信的时候。高三"二模"的时候，一名男同学由于成绩不理想，没有上晚自习，在校园的孔子雕像前静坐，被巡视的校长发现，打电话给我。我请他到办公室，和他一起剖析了原因，并送他一本书，在书的扉页上写道："孩子，你喜欢的道路没有捷径……你可以不接受失败，除非你不想成功，请你享受无法避免的痛苦……"后来，这个孩子"三模"成绩很好，每次看到我，总是洋溢着自信的微笑。三年来，我与中档生交流的次数最多，给他们做过很多次讲座，每次市模拟考试后，都奖励他们中间那些成功转化的孩子，并用著名作家熊培云的话激励孩子们："坏的终能变得好，弱的总会变得壮，谁能想到丑陋的一个蛹，却会变成翩翩的蝴蝶模样？"

我的故事都是关于你们，尤其当你们志存高远的时候。在高二的时候，我们动员几名优生去参加北京大学暑期课堂。一名孩子表示不想参加，在他看来，能考上南京的“985”高校已经很好，没有必要去追求北京大学、清华大学等名校。我给这个孩子引用了美国著名女诗人艾米莉·狄金森的一首小诗《如果我不曾见过太阳》（*Had I not seen the Sun*）：“假如我没有见过太阳，我也许会忍受黑暗；可如今，太阳把我的寂寞照耀得更加荒凉。”我把这句话改编成这样的话，激励孩子们去追求更远的目标：“假如我不曾到过清华，我也许一直向往……”

今天，是第一批志愿填报的最后一天；明天，孩子们就要翘首以盼心仪的录取通知书。此时此刻，许多孩子还在纠结未来大学的优劣、地域的远近、专业的冷热……

在老师看来，路途远近不是问题，因为“背上行囊，就是过客；放下包袱，就找到了故乡”。学校优劣也不是问题，就像高铁上有一等座、二等座的区别，但车到站了，你的前途根本不取决于你曾经坐过的座位。专业的冷热也不是问题，因为，时代在变，社会需求也在变，没有永远热门的专业，更没有永远冷门的学科，对于孩子们而言，只有永远的追求……

人间正道是沧桑，三年的岁月，转身化为历史；三年的光阴，回眸化为印记；三年的风雨，瞬间化为彩虹……没有什么比离别更让人伤感！

今天，2018 级高一的孩子，将和你们三年前一样，怀揣着梦想到学校报到，我们也将迎来新的学生，但我们念念不忘的，依然是你们，是你们的哭，是你们的笑，是你们的伤，是你们的喜，是你们的点点滴滴——我的故事都是关于你们！

第二辑

顺性而育

关注个性化教育，
顺应教育规律。

教育者不应该成为那个喜欢提供标准答案的侍从官，而应该千方百计发现孩子的天性，顺应孩子的天性。让我们一同走进《顺性而育》。

顺性而育

「1」

周末的下午，精读了王开岭先生的《对无精打采生活的精彩背叛》，文章对电影《罗马假日》给予了高度评价，我被王开岭先生的文字震撼了。

带着王先生的赞美，我在电视上搜索到电影频道的《罗马假日》。这部电影拍摄于 1953 年，虽然是黑白电影，情节也很简单，但平凡中蕴含着伟大，彰显了人性的光辉。

主人公美丽少女安妮是欧洲某公国的公主，影片开始时，她正在意大利罗马访问，别人眼中风光无限的公主生活让她倍感疲倦。因讨厌宫廷烦琐的生活，公主晚上偷偷溜出了酒店，偶遇了美国一小报记者乔，两人一起游古城，逛市井，享民乐。

电影的最高潮部分是公主的扮演者奥黛丽・赫本那传神的一回眸。我在微信朋友圈中写道："公主最后那深情的一回眸，带给我们的启示是：天性不可逆，自由不可限，责任不可抛，真情不可忘……"

「2」

十几年前，班中有一"顽童"梁同学，他经常逃学，逃学的理由也多种多样：或因观看录像，或因与人打架，或因河边玩耍，或因留恋网吧……因梁同学初中入学时成绩很好，我常常找他谈话，期望他能"改邪归正"，但收效甚微。

在一次逃学后，他的父母再一次找到我，希望我能帮助他们挽救这个"迷途的羔羊"。

我用起了"绝招"（这招曾经用过，彻底改变一名曾想辍学的人），让梁同学父母带他去田野里在炎炎烈日下锄地，意在通过劳动实践让其认识读书之重要、耕作之不易、父母之艰辛。但他妈妈后来告诉我，梁同学劳动时特别认真，很快就高质量地完成了锄地任务。

看来用“劳其筋骨，饿其体肤”这招不灵了，梁同学最终在初二下学期辍学了。在他辍学的前一天晚上，他用“难道世间只有读书一条路吗？”这句话最终说服了父母。

后来，辍学后的梁同学基于对电脑的兴趣，主动要求到某技校学习电脑，后又到某培训学校学习英语，还先后在杭州一些民办高校进修平面设计。十年前，他在常州开设了一家公司，目前公司年产值近千万元，他已成为一名青年企业家。

「 3 」

这个案例让我深刻反思教育中的天性问题。

所谓天性，应该是一名儿童特有的秉性或已有的特长，它应该是一个儿童不同于另一个儿童的重要标志。每个孩子身上都有一个“太阳”，只是这“太阳”很难让我们发现，而一旦没有发现，就容易错失教育的黄金时间。

教育是有有效期的，一旦错失了教育的黄金期，你的教育就是失效的教育，这样的教育不但失去了应有的作用，更是在起反作用。

著名科学家爱因斯坦、发明家瓦特曾经都只是一名普通的工人，但他们都走上了成功之路。他们之所以能成功，都是因为将自己的天性或特长演绎到了极致。

「 4 」

眼下许多家长热衷于把孩子送到各种各样的特长班，练钢琴，习书法，跳舞蹈……岂不知这些都不是最重要的。在教育孩子的过程中，最重要的莫过于了解孩子的天性，并顺性而育，这样才能起到事半功倍的效果。

如果我们的城市能有一个第三方机构，专门对孩子的天性进行评测，家长根据评测结果，将孩子送去不同的特长班进行培养，这样或许能做到顺性而育。但更多的时候，家长把孩子送去特长班培训，跟风的成分居多，这样的教育无异于“盲人骑瞎马，夜半临深池”，多可怕呀！

「 5 」

反思我们学校教育也是一样，当我们按照一个模式去培养所谓人才的时候，我们千万莫忘了社会所需要的是多元化的人才，统一性人才难以适应多元化社会的需要。可见，顺性而育更应成为学校教育的首选。

顺性而育需要发现特长。我们教育者要有发现的眼光，要善于从芸芸众生中发现“不一样的他”，然后根据这些不一样，去设计不一样的教育目标、不一样的生涯规划、不一样的教学方式。对于“不一样的孩子”需要真正践行因材施教，让大树长成大树，让小草长成小草……

顺性而育需要多元评价。多元的评价体系需要以学生的核心素养为中心，以培养学生特长为重点，而不是简单地用升学率来评价一所学校的好坏。丰富多彩的社会需要多元化的人才，需要多样化的评价体系，加快教育改革的关键，在于彻底变革单一的评价体系。

顺性而育需要学会等待。不是每一朵花都会开放，不是每一棵幼苗都能长成参天大树。学生的发展有其自身规律，教育者焦急不得，要学会等待，在给学生无限美好期许的同时，要学会静待花开，静待学生的成长，静待学生成为“不一样的我”。

当然，顺性而育不是让你放弃对美好理想的追求，不是宣扬读书无用论，而是强调让每个学生享受适合自己的教育，适合教育彰显了顺性而育的精髓。

「 6 」

电影《罗马假日》在结尾时有一处精彩的对白。在公主的记者招待会现场，有记者问：“公主殿下，在你所访问过的城市中，你最喜欢哪一个？”这时候侍从官赶快小声提示：“各有千秋。”而公主没有按照标准答案回答，她动情地说：“可以说，各有千秋……不，最让我难以忘怀的是罗马，当然是罗马！”

是啊，条条大路通罗马。教育者所扮演的角色不应该成为那个喜欢提供标准答案的侍从官，而应该千方百计发现孩子的天性，顺应孩子的天性，让孩子的天性成为他飞翔的翅膀。

教育之美，在于顺应天性。

如何让教室里能和乌桕树一样五彩缤纷？如何让孩子都能在“心中有片美丽的牧场”？如何让教育沿着孩子个性的方向？让我们一同走进《教育中的“私人订制”》。

教育中的“私人订制”

「 1 」

宋代苏轼曾写过一首诗《题西林壁》：“横看成岭侧成峰，远近高低各不同。不识庐山真面目，只缘身在此山中。”

这首诗让我想起了三天前在校园里拍过的一棵树的照片，这是宿舍楼前的一棵乌桕树。远看这棵树，同一棵树上，有红色的叶子，有黄色的叶子，有绿色的叶子……即使是红色的叶子，也有紫红色的、暗红色的、大红色的。

小时候，这种树引起我及小伙伴们注意的，往往是它那白色的种子，可以供我们作为弹弓的子弹。而今天，它却更多地引发我对教育的反思……

「 2 」

道法自然，自然界是如此丰富多彩，教育也是这样，同一个班级，同一批老师，同样年龄的孩子，但孩子们却千差万别。

无疑，这种千差万别，的确给我们的教学带来了难题，因为老师备课很难去顾及每一个学生。但差异本身也是教育资源，也是教育的出发点和落脚点。

即使学生千差万别，这也不是我们只能用统一的尺度、统一的教案去衡量和教育不同学生的理由，因为这样的教育，不仅没有针对性和实效性，反而会造成极其不良的后果。

「 3 」

就在昨天，一名已经上大学一年级的宁同学给我发了信息，诉说了他初到大学的苦恼。

他选择的专业是小学教育，但在他来到这所师范大学之前，他对小学教育这个专业几乎一无所知。高考之后，他在糊里糊涂中填了志愿，又糊里糊涂地上了大学。他说："当时填志愿看这所师范大学是'211'高校，可现在我几乎对这个专业的什么课都不感兴趣，甚至想退学复读。"

他还告诉我，他是刚达分数线被录取的（而且高考超常发挥了），到了学校才知道，别人几乎都比他优秀，几项基本功考核他都没有过关，他害怕三年后拿不到毕业证。

目前他上的课中不仅有大学语文、教育学、心理学等公共课，还有许多选修课程等待选择，他最苦恼的事，是不知选哪些选修课好。

「4」

孩子的苦恼，其实暴露了我们高中教育的问题——缺少"私人订制"。不管成绩好的还是成绩差的，目标都是培养他上大学。其实，成功的教育，不是把没有能力上大学的孩子培养上大学，而是让孩子成为真正的自己、更优秀的自己。

社会发展需要各种各样的人，上大学的确是一条重要的路径和平台，但大学也有各种类型、不同层次，不要一味地追求特定类型的高校，而需要"私人订制"，要为不同潜力的孩子提供更大的发展可能。

这个孩子的苦恼，还暴露了我们高中教育的另一个问题，对学生的生涯发展缺少有效的指导。换言之，这孩子从高一开始，就没有人问他将来想干什么，更没有人指导他朝哪里去，到了高考结束，他成了"迷途的羔羊"，随意填了一所211大学，也带来了无尽的烦恼。

「5」

宁同学的烦恼，不是简单的成长中的烦恼，上面只是从浅层次分析了高中教育的不足与问题，但如果我们进一步思考，就会发现我们的基础教育离个性化教育还有诸多的距离——

教育的过程，往往不顾及学生的个性。个性是什么？个性是一个人区别于他人的重要特征。教育不是改变人的个性，而是应该顺性而育，发展孩子的个性，让学生超越自我、完善自我，从而成为更优秀的自我。

「 6 」

实现教育的“私人订制”，需要我们像探险一样去发现孩子的兴趣和特长。

每个孩子都是一片大海，表面上看要么是波澜不惊，要么是波涛汹涌。其实，这些都是表象，每一片大海都是不一样的：海面下，可能有斑斓的珊瑚，可能有美丽的海沟，更可能有蓝色的梦想……

要知道，对于教育而言，发现是十分重要的。换言之，没有发现，就没有真正的教育，因为教育的本质就是个性教育。

发现是教育的前提，是教育的必经程序。在丁俊晖小的时候，他的爸爸偶然从儿子在台球桌上的几个击球中，发现了他的台球天赋，便决定培养他打台球。为了发展好丁俊晖的兴趣，丁爸爸到省城、到北京寻找名教练，甚至变卖家产，送儿子远赴英国求学……

丁俊晖的案例告诉我们，父母的培养非常重要，但更为重要的，是当年丁爸爸的一次不经意的发现。

「 7 」

实现教育的“私人订制”，需要我们给不同个性、不同兴趣的孩子实施不同的教育。

以新加坡为例，他们的高中学校往往是综合性的，在一个校园里，既有普通高中，也有职业高中，还有特殊教育。他们在高一后就让孩子自主选择未来的方向，想未来进一步深造的就选择普通高中，想从事普通职业的就选择职业高中，而有智力障碍的孩子一律在特殊教育的班级中接受教育。

中国有自己的国情，就我们的普通高中而言，也可以实施分层教学，多开展社团活动和社会实践活动，让学生走出校园，走进社区，走进工厂，走进田野……在实践中为孩子搭建广阔的舞台，说不定一次不经意的小活动，会触及孩子兴趣和特长的神经，会让他从此对某个学科或某个项目感兴趣，会成为他深度学习的起点。

「 8 」

从本质上看，教育事业也是服务业，主要是服务于孩子的成长，但其功能又远远高于其他服务业。既然教育的本质也是服务，那也应该为学生的发展提供“私人订制”的服务。

但需要说明的是，一些家长不顾及孩子有没有某方面的特长，就将孩子送到音乐、舞蹈、书法、奥数等特长班培训，这不是真正的“私人订制”，充其量是盲人摸象。

「 9 」

写作此文时，时针已经指向凌晨，但校园里那棵乌桕树的树叶依然在眼前晃悠：紫红的，粉红的，大红的，黄色的，绿色的……

耳畔也响起了一首歌曲：“心中有片美丽的牧场，蓝天、白云、干净的土壤，而梦是一群吃草的牛羊，自己就是放牧的太阳……”

《校长》总编辑王湘蓉女士上次告诉我，现在脑科学的发展，已经可以通过科学的检测，告诉我们每个孩子的天赋，这就为我们未来的“私人订制”式的教育提供了某种可能。

因此，我真诚地期待，有一天，我们的教室里能和乌桕树一样五彩缤纷，我们的孩子都能在“心中有片美丽的牧场”，都能“自己就是放牧的太阳”。

每个孩子都是不同的个体，都是一座金矿。教育如何“量体裁衣”“看菜吃饭”，尊重学生的个性？让我们一同走进《莫给鸭子安上猫爪子》。

莫给鸭子安上猫爪子

「 1 」

2017 年 12 月，我随沪浙四校考察团一行先后到上海市奉贤中学、浙江省镇海中学、宁波市惠贞书院、宁波市效实中学四所名校学习，聆听了 7 位专家的讲座，最深刻的感悟就是：教育要适人，要把人放在正中央。

在听慈中书院校长任富强先生讲座的那天，我牙痛不已，一直心想着能请假到宾馆附近的口腔医院看牙医，但是，任老师的金句竟让我忘却了牙痛，我不停地记录，不断地反思。

任老师说了一个案例，说他女儿考上北京大学，大一寒假回家过年时，给他讲了一件事，让他彻底改变了对一些所谓高中名校的崇拜。他女儿告诉他，她班上有一名来自河北省 ×× 中学的学生，由于其高中阶段付出了超乎寻常的努力，饮食没有规律，导致进大学后身体无法适应，经常请病假，跟不上课，甚至心理都产生了一定的问题，不得不休学一年。

任老师说，过去他一直羡慕那些考上北京大学、清华大学比较多的高中，现在他不这么认为，他说：“不要把本不应该上北大的学生培养上北大，就像不要给鸭子安上猫爪子让其爬树一样。”

「 2 」

任老师的话，让我们反思了许久。长期以来，追求北京大学、清华大学一直是许多高中的梦想。让学生一味去追逐北京大学、清华大学，结果可能也会影响其对适合自己的大学的冲刺。

不适人的教育还不仅仅如此，一些学校为了提高升学率，动员 50% 甚至 70% 以上的学生改学艺体类，这同样是给鸭子安上猫爪子让其爬树。因为，毕竟学习艺体是讲究天赋的，没有天赋，靠高强度的培训永远培养不出类似于毕加索、梵高、齐白石一样的画家。当我们不厌其烦地规劝学生选学艺体时，我们可曾想到：这是在爱学生，还是害学生？

「3」

江苏省天一中学校长沈茂德的教育实践给了我们诸多的启示。

沈茂德校长曾在新加坡短期培训，回到学校，他将新加坡教育部长印发给校长委任状上的话，布置到行政楼的大厅墙上："在你的手中是许许多多正在成长的生命，每一个都如此不同，每一个都如此重要，他们都对未来充满着憧憬和理想，他们都渴望着你的深爱，都需要你的指引、塑造、培育，才能成为最好的个人、幸福的公民和杰出的社会栋梁。"

委任状上的话，处处彰显适人教育的精髓。

「4」

委任状中的"每一个都如此不同，每一个都如此重要"告诉我们，每个孩子都是不同的个体，都是一座金矿，都有不同的潜能。既然如此，我们教育者就应该量体裁衣，给不同的孩子实施不同的教育。教育不是工业，即使是工业，也不存在同一把钥匙开不同的锁的情形，更何况，每个孩子都是一个活生生的人，都是拥有无限发展潜能的人。

委任状中的"他们都渴望着你的深爱，都需要你的指引、塑造、培育"告诉我们教育者对于被教育者的重要性。"指引、塑造、培育"说的都是教育，都是对孩子的正确引导。对待不同潜质的孩子，我们不可以把他们引到同一条道路上，正确的做法应该是：让攀登者享受登山的乐趣，让翱翔者享受飞翔的快乐，让善游者享受畅游的愉悦。"塑造"一词说得更好，上帝造人没有千篇一律，我们塑造孩子也不需要千人一面，因为社会需要各种各样的人才。

委任状中的"才能成为最好的个人、幸福的公民和杰出的社会栋梁"告诉我们，新加坡的教育目标同样是适人的，可以把学生培养成"最好的个人"，可以把学生培养成"幸福的公民"，也可以把学生培养成"杰出的社会栋梁"。

「5」

教育如裁衣。裁衣服的人不会给男孩子裁剪只有女孩子才能穿的花裙子，也不会给一个胖子裁剪只有瘦人才能穿的衣服。

教育如种田。农民不会把本该给小麦施的肥混用到大豆的田地里，更不会把西瓜嫁接到高高的苹果树上。

教育如看病。医生不会用感冒药去治疗一名肠胃病人，更不会把本应该属于内科治疗的病人推给外科大夫。

……

生活中诸如此类的朴素的道理，却往往会被我们教育者忽视。教育的对象千差万别，教育的过程千辛万苦，但如果我们对孩子选错了教育方式或路径，即使千辛万苦，也不过是南辕北辙，不仅不会促进孩子的发展，还会阻碍甚至扼杀孩子应有的幸福。一句话，教育应适人，要把“人”放在正中央。

「6」

教育把“人”放在正中央，规避不适人的教育，需要方方面面的努力。

首先，教育评估要适人。我上面所列举的不适人的教育现象表面上发生在学校，其实根子还在评估体系。如果我们的评估体系能把“人”放在正中央，能够不用单一的升学率去评估学校，学校才能安心地去推行适人的教育。

其次，学校教育要适人。商业可以追求功利，工业、农业也可以追求功利，但是教育不可以。“十年树木，百年树人”，教育本身就是慢的艺术，树人的前提就是适人，给不同潜质的学生以不同的教育。

最后，家庭教育要适人。知子莫如父，知女莫如母。我们的家长是了解子女的秉性天赋的，应该顺性而育，而不是一窝蜂地去逼着学生上特长班、奥数班。什么都可以跟风，唯独教育不可以。教育的本质在于让小草成为最好的小草，让大树成为最好的大树。

「 7 」

好在，江苏新高考改革方案突出人文性，突出选择性，突出个性化，突出把“人”放在正中央，也许，高中教育的春天就在不远处，我们期盼着。

期盼着政策引导，更期盼着我们教育者的思想能够因时而化，能够充分认识到教育的本质在于让人成为自己，成为最优秀的自己。

一枝动，百枝摇。教育的重要性，在于其是个性化的工程，在于其是灵魂化的事业，在于其是不可逆的旅程，在于我们手中握着孩子的命运。

因此，教育要适人。

未来的生活中，孩子会遇见不同类型的“高山”，我们如何引导孩子学会适应环境、适应老师、适应变化？让我们一同走进《山不过来我过去》。

山不过来我过去

「 1 」

高二升高三的时候，为了弥合班级的差距，优化绩效考评，我们对班级进行了重新调整。在决定调整的时候，我们虽然意识到重新分班利远大于弊，但也会给学生适应新的班级、新的老师、新的同学带来一定的难度。

果不其然，分班后的第二天就有 4 位家长给我打电话、发短信。

一名叫瑶瑶的孩子，她的父母在我办公室门前等了一个小时，等我上班的时候，我看到的是他们焦急的神色。她妈妈告诉我，瑶瑶已经连续三顿没有吃饭了，只喝了几口水，精神状态很差，他们希望我能和她女儿谈一谈。

「 2 」

下午放学的时候，这个女生走进了我的办公室。我静静地听她说不吃饭的理由。她说，她原来班的数学老师上课有激情，有趣味，思路新，态度好，对学生关心比较多，而新的班级数学老师上课比较平淡，索然无味，因此她很失落。另外，瑶瑶也告诉我，在原来班级有几个“闺蜜”，现在也分开了。

高三只有一年了，她迫切希望能调回原班去。

「 3 」

当她说完了的时候，已经泪水涟涟。

我递了张纸巾给她，说：“你已经说完了，下面听我说。”

我说，你留恋原来的班主任，留恋原来的老师，这是你拥有感恩的心的表现。聚是一团火，散为满天星。相聚和离别，是人生的常态，是再正常不过的事情。明年 6 月，我们都将面临离别，你也将走进大学的熔炉，都将面临新的老师、新的班主任。更何况，新高三教师调整了三分之一，即使不调整班级，你也得适应新的老师。

我还说，你留恋原来的同窗好友，这是你重友情、重同窗的表现。可是“天下没有不散的筵席”，我们都要学会适应不同的学习环境。在校园里，学习第一，友情第二，这个朴素的道理我们都应该懂得。请问，明年高考之后，谁能保证你和你的好友能考进同一所大学、同一个学院、同一个专业？

「 4 」

瑶瑶似乎被我讲心动了。我趁热打铁，进一步劝她：在你未来的人生道路上，能让我们自主选择的事情还真的不多，大多数的情况，都是“被选择”做某事，就像你昨天被分进了高三（13）班。虽然我们大多数情况下是被动地去选择，但这不能成为我们逃离的理由，因为我们要去主动适应环境，别叫环境去适应我们。

在瑶瑶即将离开办公室的时候，我送了她一本书——王开岭的《精神明亮的人》，希望她能认真研读，有空再和我一起交流。

「 5 」

刚刚送走瑶瑶，一名叫成成的学生及其家长找到我，也是希望调回自己原来的班级。我反复给这对母子讲清重新分班的理由：班级调整了，教学考评也随之改变；教学考评改变了，教师的干劲会更足；优生培养加强了，其示范引领的效果会更加明显；每个班级均衡了，与外校联考才会更具竞争力。班级调整会让新高三更具竞争力，会让全体师生在同一起跑线上走得更远、飞得更高！

成成一言不发，依然要求能回到原班。我给他讲了个案例：

美洲鹰本是一种体重 20 千克，两翼展开可以达 3 米，一个俯冲可以在海面抓一个小海豹飞上天空的大鹰。可是，由于身体的庞大，它们常常成为猎人捕杀的对象，这个物种从地球上消失了很多年。最近，一位美国科学家在一个狭小的岩洞里发现了绝迹多年的美洲鹰，岩洞内岩石之间最大距离只有 15 厘米……可见，美洲鹰虽然无法躲避人类的捕杀，也无法改变岩洞的狭小，但它学会了改变自己，适应环境，从而获得了新生。

我对成成说，我们都要从美洲鹰的案例得到启迪，都要学会适应环境，在未来的人生道路上，你会遇到比今天更大的挑战，环境不会去适应我们，除了顺应变化，我们别无选择。

成成默默地走了，也不知道他是否听进了我的一番劝说。

「6」

两个孩子也许到今天还未适应新的班级，但他们的案例给了我诸多的启示。

如何让教育更富有人性，更尊重个体？这是第一个启示。的确，步入高三才调整班级，更多考量的是通过考评的变革去促进教学质量的提升，但我们却忽视了个体，忽视了教育最应该重视的学生个体的感受。虽然要求调回自己原来班级的孩子只有四五个，比例占千分之二，但对于这几个孩子而言却是百分之百。这让我联想到王开岭先生在《打捞悲剧中的“个”》中引用的一段关于评价纳粹大屠杀的话：“大屠杀意味着不是六百万这个数字，而是一个人，加一个人，再加一个人……只有这样，大屠杀的意义才是可以理解的。”

如何让学生理解自己与环境的关系？这是第二个启示。每个人都不可以脱离环境而存在，人定胜天只是一种美好的期待。我们常说，让孩子历经风雨，这里的“风雨”更多的是生活中的变化、挫折与不顺。在大多数时候，我们必须与环境共舞，必须教会学生主动适应各种各样的变化，要让学生认识到：物竞天择，适者生存。人类繁衍生息的历史，就是不断适应环境的历史。变，是永远的不变。你适应的能力有多强，你离成功的距离就有多近；反之，你适应的能力有多弱，你离成功的距离就有多远！

「7」

为了让学生能够理解我们调整班级的原意，我给同学们做了一次广播讲话。

在结尾处，我说：高山仰止，山总是给我们沉稳、雄伟的印象。未来的生活中，我们会遇见不同类型的“高山”，可我们不是愚公，我们无法移山，我们要做的就是——山不过来我过去！

真正的好教育，应该是着眼一辈子的教育。教育如何回归本真，助推孩子幸福成长？让我们一同走进《谨防不幸福的教育学》。

谨防不幸福的教育学

「 1 」

巴西农业部前部长何塞·卢林贝格一次从瑞士乘飞机回国。当飞机飞越大西洋时，他突发奇想：如果此时飞机坠毁，瑞士的航空公司会再买进一架新的民航飞机，飞机坠毁地附近的国家还会花费大量的人力、物力进行搜救，全世界的新闻媒体还会到事发地进行报道，所有乘客和机组人员的家属都将得到一笔不菲的赔偿金……

这一切的一切，都会在短时间内促进瑞士、巴西及参与搜救国家的国民生产总值得到相应的上升。

「 2 」

卢林贝格还举了另外一个例子，假设巴西有两位刚刚生过孩子的母亲，她们原本在家里抚养自己的孩子，由于是自己的孩子，两位母亲都会尽心尽力，两个孩子也会尽情享受母爱的温馨，但是巴西的国民生产总值不会因为两位母亲的辛勤劳作而有任何的增长。

后来，两位母亲来到劳务市场找工作，恰巧分别应聘到对方的家里做保姆，她们的经济行为很快就会产生经济效益，当地的国民生产总值会因此得到相应的提高。

「 3 」

卢林贝格的两个假设的案例，其实都在为其经济学理论“不幸福的经济学”提供佐证。

在卢林贝格看来，瑞士飞往巴西的飞机坠毁，瑞士、巴西及相关国家的国民生产总值都会因此而提升，但这种国民生产总值的提升是建立在几百个家庭痛不欲生的基础上的。案例二中虽然两位母亲有了称心的工作，当地的国民生产总值会有所提升，但那两位接受保姆服务的儿童，却无法感受到母爱的幸福，因为他们所接受的是保姆而非母亲的哺育，这种国民生产总值的提升也是建立在儿童不幸福的基础上的。

「 4 」

在我们的身边，“不幸福的经济学”已经司空见惯。以 20 世纪一些地方不规范的房屋征收为例：拆迁会带动当地房地产业、交通业、服务业等各种产业的发展，国民生产总值会有大幅的提升，可是，个别拆迁也带来了环境污染、反复建设、古迹毁坏……

这类现象不胜枚举，看来，简单地用国民生产总值是否提升来判断一个地方的发展，极有可能落入“不幸福的经济学”的怪圈。

「 5 」

既然“不幸福的经济学”是一种客观的存在，世间有没有“不幸福的教育学”呢？

鞋子好不好，只有脚知道；教育是否幸福，学生最有发言权。君不见，究竟有多少学校严格执行了学生在校时间的规定（一些地方规定小学、初中和高中学生每天在校集中学习时间分别不得超过 6 小时、7 小时和 8 小时）？有多少学生没有参加过补课？有多少学生没有参加过兴趣班或特长班？

「 6 」

当然，“不幸福的教育学”不仅仅表现在教育环境上，还在于我们教育教学的本身。

比如，有的教师或家长对待孩子简单粗暴，在这样的环境下孩子的成绩也许会有所提高，但这样的孩子会性格健全吗？他的学业成绩可持续提升吗？他会感到教育和学校给他带来幸福吗？再比如，我们让孩子学习不感兴趣的课程，上不

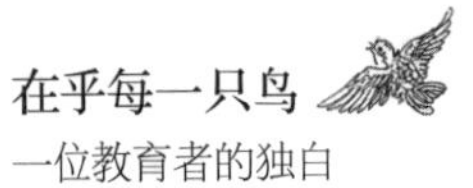

感兴趣的兴趣班……

真正的好教育，应该是着眼一辈子的教育，是追求让学校成为孩子们永远向往或回忆的地方。谨防“不幸福的教育学”，需要我们教师或家长贴近教育的本真，遵循教育的规律。

「 7 」

谨防“不幸福的教育学”，需要明了教育的本质。

教育的本质是让人成为自己，或者说让人成为优秀的自己。所谓成为自己，就是教育要助推学生天性或兴趣的发展，就是教会学生学习，教会学生生活，而不是制造千篇一律的“产品”，更不是千军万马挤独木桥。

正如南京大学原党委书记胡金波先生在《斯霞：给学生带得走的美好》一文中指出的那样，真正的教育应该做到：“弄虚作假的教学思想应当制止，哗众取宠的教学手段应当摒弃，可有可无的教学步骤应当删减，要把精力集中到教会学生学习上来。”

「 8 」

谨防“不幸福的教育学”，需要明了尊重的力量。

在教育过程中，尊重重如泰山。本真的教育，需要我们尊重儿童的天性，并顺应他们的天性开展教育活动，通过教育促进他们天性的发展；需要我们尊重儿童的兴趣，并顺应他们的兴趣来改善我们的教学，让教学活动围绕儿童的兴趣转；需要我们尊重儿童的差异，并把这种差异看成是一种可待开采的资源；需要我们尊重儿童的选择，并帮助他们去努力实现自己的选择……

「 9 」

谨防“不幸福的教育学”，需要明了师长的职责。

教师或家长都不能伴随孩子一辈子，我们给予儿童更多的是精神的财富，教师或家长都要成为儿童的精神领袖。儿童在成为少年、青年、中年的过程中，所需要的能力远远大于知识，所需要的情商远远大于智商。另一方面，儿童在成长过程中，一定会遇到很多困惑，这就需要我们去为他们引航：在漆黑的夜晚时，你可否做他光明的拐杖？在风雪交加时，你可否为他点燃温暖的炉火？在孤独寂寞时，你可否绽放花朵一样的微笑……

「10」

写到这儿，耳畔再次响起白落梅女士的话，她说："终于明白，有些路，只能一个人走。那些邀约好同行的人，一起相伴雨季，走过年华，但有一天终究会在某个渡口离散。"

儿童的路，最终只能一个人走，我们的角色应是他们行进路上的助推人。让每名孩子拥有幸福的人生，拥有幸福的教育，正是我们助推人的神圣职责。

面对教育过程中的特洛伊城，我们是绕道而行，还是改变策略，向特洛伊城派一些“木马”？让我们一同走进《“木马计”蕴藏的教育哲思》。

“木马计”蕴藏的教育哲思

「 1 」

上大学的时候，我选学了欧洲绘画史这门课，老师是美术系的刘志锷教授，他把每一幅名画背后的神话故事都讲述得绘声绘色。

记得有一次，他给我们介绍了“木马计”的故事。

「 2 」

在古希腊神话传说中，特洛伊王子帕里斯来到希腊斯巴达王麦尼劳斯的皇宫做客，受到了麦尼劳斯的盛情款待。但是，帕里斯却拐走了麦尼劳斯的妻子海伦（海伦是希腊神话中最美丽的女人），麦尼劳斯和他的兄弟阿伽门农决定讨伐特洛伊。由于特洛伊城池牢固，易守难攻，攻战十年也未能如愿。

海伦私奔所引发的这场战争延续了十年之久，史称“特洛伊战争”，《荷马史诗·伊里亚特》记述了此次战争的经过。

在战争的第十年，英雄奥德修斯献计，让希腊士兵烧毁营帐，登上战船离开，造成撤退回国的假象，并故意在城下留下一只巨大的木马。特洛伊人把木马当作战利品拖进城内，当晚，正当特洛伊人举杯畅饮欢庆胜利的时候，藏在木马中的希腊士兵悄悄溜出，打开城门，放进早已埋伏在城外的希腊军队，结果一夜之间特洛伊城被攻占。

「 3 」

读大学还是27年前的事，但“木马计”的故事却始终萦绕在心头。“木马计”只是一个传说，世间没有海伦、阿喀琉斯、厄里斯这些传说中的诸神，但这个故事却蕴藏着教育哲思。

特洛伊人坚守了十年的固若金汤的城市，为什么毁于一只木马？“木马计”给我们的教育带来哪些思考？

「 4 」

“木马计”的故事告诉我们，堡垒最容易从内部攻破。据说，木马里只藏了20多名战士，但这20多名勇士却在改变特洛伊城命运的战役中起到了关键的作用，他们成为攻破堡垒的核心要素。

再说我们的教育。在班级管理或家庭教育中，也会遇到诸多的貌似特洛伊城的“顽童”，他们看似刀枪不入、滴水不进，在一些老师和家长的眼中，甚至是不可救药的顽固分子。面对这样的学生，面对教育过程中的特洛伊城，我们是绕道而行，还是发动“特洛伊战争”？我们是继续实施那些毫无成效的说教，还是改变策略，向特洛伊城派一些“木马”？

教育的本质就是心育，改变一个人的习惯，需要从其心灵入手，因为思维改变了，行为才可能改变，行为改变了，习惯才可能改变。改变一个孩子的思想，不仅仅需要教师的引导，更需要孩子自身的自觉，有了这种自觉，孩子才会自主地去改变。

「 5 」

那么，如何促进孩子自觉地改变？如何让孩子从“心”变化？这需要我们教育者在心育过程中多植入一些“木马”。陶行知先生的一个教育案例值得我们借鉴——

陶行知先生当校长的时候，有一天看到一个男生正用砖头扔另一个男生，十分危险，便及时将其制止，并叫他下午3点到校长办公室。没到3点，男孩就到校长室门口等候，他原以为等待他的一定是校长没发泄完的愤怒，以及接下来的学校的处分、同学的笑话、家长的批评。

可陶行知先生却从小卖铺买了四颗糖果奖励这个孩子：第一颗糖奖励孩子提前到达校长办公室，恪守信用，有守时意识；第二颗糖奖励孩子能及时住手，尊重校长，有尊重意识；第三颗糖奖励孩子爱打抱不平，因为被扔砖头的同学曾欺负过女生，而扔砖头的行为表明这孩子具有正义感；第四颗糖奖励孩子知错能改，能虚心到校长办公室承认错误……

「 6 」

陶行知先生的四颗糖，在孩子的心田里植入了四只“木马”：守时的“木马”、尊重的“木马”、正义的“木马”以及知错能改的“木马”。一只“木马”都足以改变孩子的一生，何况四只“木马”。

陶行知先生四颗糖的故事提示我们：教育需要发现，教师或家长要能及时发现孩子行为的闪光点；教育需要胸襟，教师或家长能宽容孩子的错误或过失；教育需要期待，教育是慢的艺术，不要指望学生在一个早晨或黄昏改变不良的行为，我们要学会期待，期待正能量的“木马”能在孩子的心田里生根、发芽、开花、结果……

“木马计”和陶行知先生四颗糖的故事告诉我们，改变孩子要从“心”开始，要学会从外部想办法，从堡垒内部去攻破。

医生与教师，一个是救死扶伤的职业，一个是人类灵魂的工程师，教育者如何像医生一样至精至微、因病施医、至亲至诚？让我们一同走进《跟着医生悟教育》。

跟着医生悟教育

「 1 」

近日，我从网上读到一则关于第二次世界大战期间医生的故事，掩卷而思，有了诸多体悟，感觉到教育者应该从医生的职业生涯中学点、悟点什么。

故事的主人公海尔曼博士是位大夫，一天夜里他的诊所被一个小偷撬开了，小偷收获颇丰，可他在准备逃走的过程中摔折了腿。助手建议立即报警，而海尔曼坚决地说：“在我诊所的病人不能这样出去。”

海尔曼连夜给小偷做了连肢手术，并打上了石膏绷带，一直在诊所里把他彻底治好后才移送警方……

「 2 」

这则故事让我想起了唐朝的医学家孙思邈，他所写的《备急千金要方·大医精诚》对医生的医术、医德进行了全方位的阐述，几乎成为千百年来习医者的必读书目。

孙思邈要求医者要有精湛的医术，认为医道是“至精至微之事”，习医之人必须“博极医源，精勤不倦”。对于医德，孙思邈认为要“见彼苦恼，若己有之”，用感同身受的心，去策发“大慈恻隐之心”，进而去“普救含灵之苦”。他还希望医者能“普同一等，皆如至亲之想”。

「 3 」

无疑，海尔曼博士的医术是高超的，他在极短的时间内完成了小偷的腿部手术。但相比之下，读者记住的并不是他的医术，更多的是其高尚的医德，是他的医者仁心，是他“普同一等，皆如至亲之想”的作为。

医生与教师，一个是救死扶伤的职业，一个是人类灵魂的工程师，一个职业关乎着健康与生命，一个职业关乎着精神与灵魂，二者一定有诸多的相通之处。

「 4 」

为师者，应像医者一样“至精至微”。

在外科医生手术过程中，哪怕一丁点的闪失都会造成无法弥补的过失，甚至危及患者的生命。而在教学过程中，说错一句话或者讲错一个道理，其后果应该没有外科医生的过失那么严重，但教育的特点就是过程的浸润，一次小小的失误虽然不足以改变孩子的一生，但教育教学过程的每一次失误，都会或多或少地降低孩子受教育的质量。

医者的“至精至微”，提示我们教育者要苦练“内功”，教育好孩子，首先要教育好教师及家长。家庭教育和学校教育同样重要，每一次有缺憾的教育，都会给孩子的成长增添负能量。可见，为人师者、为人父母者，在教育过程中要有外科医生般的精准，把教育真正看成是“至精至微之事”。

「 5 」

为师者，应像医者一样因病施医。

医者行医，一定是个性化的治疗，决不会对患感冒的病人开同样的药，更不会用一个药方治疗不同的病。捷克伟大教育家夸美纽斯倡导班级授课制，但医院从来没有“集体看病法”。

早在 2500 年前，孔子就提出了“因材施教”的教育主张，提倡对不同性格、不同接受能力的学生采取不同的教学方法。当孔子的学生公西华询问对冉有、子路是否要采用同样的教学方法时，孔子回答说：“冉有为人懦弱，所以我要激励他的勇气。子路武勇过人，所以我让他谦让。”

“因材施教”虽然提倡了几千年，但真正践行起来却十分困难。因材施教的本质是以人为本，以尊重学生的差异为本，是个性化的教与学。教师和家长应该多向医生学习，真正走近孩子，了解孩子，熟悉孩子的特长、品性、基础、意愿及接受能力，而不是采用千篇一律的教育教学方法，更不可以去简单地套用或模仿他人成功的教育经验。

「6」

为师者，应像医者一样至亲至诚。

医生每天都面对着不同的病人，而病人及家属是极易情绪波动的一族，大多数医生都能做到春风化雨，做到“见彼苦恼，若己有之，深心凄怆”，这的确给我们树立了榜样。

对学生至亲至诚，需要教师和家长永远拥有“母爱”，需要对孩子有诚心、有爱心、有耐心、有期待心。好的教育，一定是有血有肉、具有灵性、富有德性的教育；一定是弥漫着爱意、流淌着情谊、充满着睿智的教育。

彰显诚心的教育，包括对教育的爱、对孩子的爱。牛顿力学定律中的作用力与反作用力规律在教育过程中同样会发生，你用至亲至诚对待孩子，孩子一定会以诚心对待教师和家长，和谐的教育氛围也就形成了。

「7」

英国人南丁格尔曾到克里米亚野战医院工作，其爱心及事迹广为流传，她已经成为护士精神的代名词，每年的国际护士节就是为了纪念她而定的。因南丁格尔常常提着一盏小小的油灯，沿着崎岖的小路，到遥远的营区里逐床查看伤病员，人们又称她为“提灯天使”。

其实，教育也是“提灯的事业”，教育应像一盏一盏的灯，去照亮每个孩子的前程……

在农民心中，顺应自然是铁律。教育者如何像农民一样顺应规律、敬畏自然、安心田野、弥漫爱意？让我们一起走进《跟着农民学教育》。

跟着农民学教育

「 1 」

读高中的时候，每当读到“春不得避风尘，夏不得避暑热，秋不得避阴雨，冬不得避寒冻，四时之间，亡日休息”这样的句子，心中总是颇多感慨。这段描写农人辛勤耕耘的句子，让农人的子弟有了更多的感悟。

我的故乡在西南岗的一座小山脚下，丘陵地带，地势起伏，沟壑纵横，先天缺水。农人靠天吃饭异常辛苦。风调雨顺的年代，会有一个好收成；一旦气候与“厄尔尼诺现象”沾边，那一年生活可能都会有问题。

上大学前，我做了一段时间的农民，对农民的苦是有切实体验的。

「 2 」

农民的苦，苦在自然环境的恶劣。《捕蛇者说》中说：“号呼而转徙，饥渴而顿踣，触风雨，犯寒暑。”在现代条件下，农民的生产生活环境好了许多，但相对而言，农民所处的劳动环境还是非常艰辛的。

家乡西南岗缺水，远离大河，农作物的收成很大程度上依赖天的恩赐。记得有一年，黄豆长势良好，淡紫色的豆花也美丽异常，我们似乎看到了堆积如山的黄豆。可是，连续一周的干旱，让豆花蔫了，豆角干瘪，秋收的希望毁于几天的无雨。

「 3 」

农民的苦，苦在生产技术的落后。即使在 20 世纪末，使用铁犁牛耕也是十分普遍的现象。铁犁牛耕开始于春秋战国，普遍使用于汉朝，完善于隋唐。

即使从隋唐算起，铁犁牛耕已经走过了 1300 多年的历史，可是到了 20 世纪 90 年代，铁犁牛耕还是农人耕地的主要工具。当今世界，信息技术发达，人工智能技术也日新月异，可是这些技术运用到农业生产的却很少。

「 4 」

农民的苦，苦在对市场的把握不足。同为市场经济的一分子，农业很难处于支配地位。在目前条件下，农民能控制的，是劳动的强度、密度和劳动成果的多寡，但是，决定其收入高低的更多的是农产品的市场价格。由于对市场行情了解不够等诸多因素影响，“谷贱伤农”的现象一再上演。

农民的苦，还有许多：农村文化的匮乏，缺少精神的“大餐”；一些农村习俗的落后，往往受累于人情往来……

也许读者会问，你文章的标题是“跟着农民学教育”，谁跟农民学习？又跟着农民学习什么呢？在我看来，孩子的成长，关键在于家庭和学校，因此，家长和教师都应该从农人的劳作中有所体悟。

「 5 」

像农民一样永不埋怨。

有的孩子成绩暂时落后了，家长和老师往往会“大发雷霆”，甚至会“打入冷宫”，拿落后的孩子与优秀的孩子进行类比。岂不知，“比较”往往是教育的大忌，会严重打击暂时落后的孩子的自信。在你的孩子或学生落后的时候，我们不妨向农民学习，他们从来不抱怨庄稼长得不好，当庄稼长势暂时出现问题时，他们更多的是查找自身的原因：播种时机是否有问题？过程管理是否缺失？是否有病虫害？……

「 6 」

像农民一样尊重规律。

虽然揠苗助长记载的是一个宋国农民的故事，但实际上没有一个农民会去拔苗助长，他们对于二十四节气的熟悉程度几乎超越了地理老师，他们绝不会在春天干冬天的事，也不会在夏天干秋天的事，在农人心中，“顺应自然”是铁律。

可在教育过程中，一些家长让孩子上很多的特长班，一些教师违背教育规律进行教学，诸如这样的例子不胜枚举，让我们不妨去学学农民，学学他们对自然规律的敬畏与遵循。

「 7 」

像农民一样安心田野。

《左传》中记载着这样一段话："出于五鹿，乞食于野人，野人与之块。公子怒，欲鞭之。子犯曰：'天赐也。'稽首，受而载之。"这里的"野人"指的是在田野里耕作的农夫。这段故事，讲述了农人对于土地的深厚情愫，在他们的心目中，土地就是生命，土地就是一切。如果我们教育工作者能像农人安心田野一样倾心讲台，把教书育人当作事业而不仅仅是职业来做，一定会拥有不同的收获。

「 8 」

西汉著名经济学家、政治家晁错在《论贵粟疏》中说："方今之务，莫若使民务农而已矣。"意思是说，当今的迫切任务，没有比让农民务农更为重要的了。

我在想，对于教育而言，当前最为迫切的任务，没有什么比顺应教育规律更为重要的了。向农民学习，就要学习他们永不埋怨的精神、顺应规律的作为以及安心田野的心态，这样，才能真正让教育回归本真，回归真正属于教育的田野。

跟着农民学教育，学的是那一份执着，那一份安心，那一份对规律的敬畏。

自主教育是教育的至高境界。如何在教育过程中让孩子感悟教育的规律，实现自我飞跃？让我们一同走进《穿过熊掌抚摸鱼》。

穿过熊掌抚摸鱼

「 1 」

冬天到了，下雪了，期末也临近了。

可学生们似乎没有什么紧迫感，晚自习依旧是谈笑风生。当我推门而入的时候，在说笑声戛然而止的时候，同时能听到齐刷刷的换书的声音。我知道，他们正紧急地把“闲书”换成课本。

真没有办法，高三了，高考就在眼前，还有不到 5 个月，他们就要走上战场，许多孩子一边憧憬着美好的明天，一边自由自在地玩，却不明了高考竞争的残酷，不明了“花经冬而艳，瓜由苦而甜”的道理。

「 2 」

我一直在苦思冥想，怎样能让孩子们集中精力投入学习，于是，我的历史课有时成了政治课，讲形势，讲经验，讲教训，可成效似乎并不明显。

我一直为这件事苦恼着，而随着高考的临近，这种苦恼更重了。直到有一天，我到南京出差，在归程的大巴上，百无聊赖，翻开了随身携带的《周国平自选集》，其中有一篇散文《伺候哪一个主人？》深深地吸引了我，它似乎让我看到了消除烦恼的希望。

读完这篇散文，我无异于发现了新大陆。在一个冬天的下午，在冲刺期末市统测最关键的时刻，我组织了一次“伺候哪一个主人”的主题班会，意在引导孩子们都能全心全意伺候“学习”这位“主人”，而不是毫无顾忌地玩乐。

「 3 」

班会课上，孩子们踊跃发言，高中的孩子，他们都明了老师的意图，纷纷表示要伺候学习这个“主人”，泛泛而谈，了无新意。我心里也明白，孩子们的发言大多是应景的，估计不可能从根本上改变班级的现状，缺少震撼心灵的元素，大家依旧会受制于习惯。

快下课的时候，最后一个发言的朦朦，却让我眼睛一亮。

「4」

她说，假如把当前的玩耍、杂事看作是“鱼”的话，那么高考目标就是“熊掌”，我发言的题目就是“鱼和熊掌不可兼得”。

其实，这个题目并不新颖，在她前面发言的几个同学也大多表达了同样的意思。而下面的话，却冲击着现场每一个人的心灵，她说：我会选择把鱼放在心里，因为“面包会有的，鱼也会有的”；我会选择把鱼放在心里，因为“今天选择了熊掌，将来才会得到更多的鱼”。

她还说，我不是不爱鱼，但我已经选择了熊掌，这是十多年的约定，便顾不上鱼；我不是不爱鱼，但鱼和熊掌不可兼得；我不是不爱鱼，鱼在海里，可我不在那里；熊掌在陆地，恰好我在这里。

在结尾处，朦朦大声地说：“会有那么一天，我穿过陆地到海里，穿过熊掌抚摸鱼。”

她话音刚落，教室里便响起了雷鸣般的掌声。

这件事让我多了几许反思。

「5」

教育，需要正确的路径。以高中信息技术学业水平考试为例，这种考试不仅结果要符合要求，过程也必须按规定的程序来，否则不给分。

其实，教育同样需要“路径”意识。教育，如果脱离了毫无色彩的说教，脱离了居高临下的训斥，也许才会有更大的收益。教育，需要对路，需要恰当的路径，才会达到事半功倍的效果。教育是一种美，美的传递需要科学的途径。“随风潜入夜”就是一种美，“润物细无声”也是一种美，美总是有载体的、有途径的，教育也是这样。

「6」

教育，需要自主的平台。在中学阶段，最难上的课往往就是班会课，因为它没有现成的教材，更没有事先准备好的案例。于是，大多数班会课成了班主任的独角戏：先是布置学校或年级要求的工作，然后说说班级近期存在的问题，最后提提要求。

这样的班会模式问题在于把班主任作为唯一的教育者，其效果不一定很好。其实，被教育者也是资源，“兵教兵”往往会取得意想不到的效果，因为孩子更了解孩子，他们更容易找到引领同伴的“密码”，这就是自主教育的秘诀。

「7」

教育，需要他山的玉石。教育者需要广阔的视野，不应囿于一校、一书、一课，周国平等人关于教育的文章很多很多，都可以用来教育孩子。作家的角度，往往异于常人，恰恰这种独特的视角，更能震撼学生的心灵。

事物发展总是具有相同的规律，“他山之石，可以攻玉”说的就是这个道理。

「8」

回首高三，回首与青春同行的日子，值得玩味的人和事很多很多，但“穿过熊掌抚摸鱼”将是我的心田里最鲜亮的印记，因为，朦朦同学让我明白：教育不仅仅是教育者的事，教育需要正确的路径，教育需要找到独特的“密码”。

2012 年高考，文中的朦朦考上了一所非常好的大学，走出了属于她的“夏洛特烦恼”，目前在南方一城市的上市公司工作。

她的“穿过熊掌抚摸鱼”的发言稿现在还静静地躺在我办公室里，且常常引发我关于教育的思考。

创作"最好的作品"，其本质上是一种教育情怀。如何顺应孩子的个性特长、原有的基础、兴趣爱好，去创作"最好的作品"？让我们一同走进《创作最好的作品》。

创作最好的作品

「1」

五年前，班中一位女生的爸爸给女儿写信，他在信中说——

"不知你观察过没有，有一种树叫合欢树，老爸在一篇文章中这样写道：冬日的枝头，繁华落尽，固守枝端的是合欢的种子，每一粒种子就是一个希望。叶可枯，皮可蜕，种子的希望却不能坠落，那是一盏生命的灯火，在暗夜里唱着萌动的春歌。"

这位父亲继续写道："寒风中摇曳，哗哗有声。阳光里舒展，默默温暖。汩汩的血脉，于风雪中相连。地气中的每一丝暖流，在枯干的枝丫间传送。牵紧你的手，高擎的火炬燃烧着。明天，明天，你将是一轮新的朝阳……"

这位父亲是我们当地小有名气的作家，他的信极富诗意，除了对女儿的鼓励，还把对孩子的期待通过隐喻的方式表达，对孩子的未来充满了无限美好的愿景。

「2」

也许有人会说，父母对孩子的关爱是无私的，但老师很难做到这一点，尤其是工作很多年的老教师，职业倦怠是自然的。一名教师，很难始终对职业充满无限的热爱。

近日，一位同仁和我交流其职业倦怠的问题。

她说，你看，我已经教了 25 年，离退休还有几年的光景，对学生的情感及认识也在潜移默化中发生着变化：那种教育的新鲜感没有了，青春的活力也没有了，力争上游的动力也没有了，总之，一切归于平淡。

她还说，一辈子教书，似乎就是在教几本书，做了无数的试卷，讲了无数的题目，在题海中遨游。她补充说，我现在的工作，和流水线上的工人没有什么很大的区别：

备课、上课、批改作业、辅导、考试、成绩分析……好像失去了应有的创造性。

其实，创新是教育的生命，只有创新型教师，才能培养出创新型人才，一旦教育缺失了创新，将会危及创新型社会的建设。

「 3 」

同仁的话，学生家长的信，让我更多地思考为师者、为人父母者如何看待与孩子的关系。换言之，在我们的眼中，孩子到底应该是什么？

倒是这个写信的家长，给出了自己的答案。

他在信的结尾说："你就是父母枝头的种子，种子就是希望……爸爸还将是你的骄傲，你也将永远是爸爸的骄傲，你就是爸爸最好的作品……"

"爸爸最好的作品"，其中的深意，除了激励，除了希望，更多的是自豪与期待。在爸爸的"最好的作品"的激励下，这个孩子也最终考上了自己理想的大学，现在已经在一座大城市工作。

「 4 」

假如每个家长、每个老师，都能按照"最好的作品"去教育引导孩子，那将会是怎样的情景呢？

你会倦意全无。既然你要创作"最好的作品"，就要与众不同，就要去构思不同的教育路径，就要去准备最好的课例，就要去倾听孩子心底的声音。创作本身是非常辛苦的，而你的追求是创作"最好的作品"，你就不会因此感到疲惫不堪。

你会精心观察。既然你要创作"最好的作品"，你就必须仔细观察你塑造的对象：他有什么品性？他有什么特长？他有什么潜质？他的"最近发展区"在哪里？他的喜怒哀乐都是因何而起？在精心观察的基础上，你才会有改进的思路，你才会有施教的方向。

你会及时反思。既然你要创作"最好的作品"，你就必须时时反思自己的教育行为：教育的路径是否正确？教育的方式是否合理？教育的绩效是否显著？在反思的基础上改进，在改进的基础上完善，在完善的基础上发展，只有这样，你才有可能创作出"最好的作品"。

「 5 」

创作“最好的作品”，其本质上是一种教育情怀。既然你决心要创作“最好的作品”，家长或教师就应该在以下几个方面着力：

“作品”需要“精心构思”，教育则需要给孩子生涯规划。学生的生涯规划应该从基础年级做起，而不是等到毕业的那一年才想起来去规划孩子的未来。作为教育者，要结合学生的基础、特长和理想，去帮助孩子规划未来几年的学习内容、目标及路径。在国外，学校均设有学生生涯指导机构，有专门的专家或教师指导孩子对未来进行规划，包括是选择职业学校还是普通学校，选择什么样的课程方案，甚至延伸到选择未来的职业类型等。反观国内的学校，恰恰缺失这样的机构，孩子的发展是随遇而安，是漫无目的，在这样的情况下，我们很难创作出“最好的作品”。

“作品”需要“与众不同”，教育则需要培养“不一样的我”。无论是文学作品，还是艺术作品，都在追求与众不同，追求个性的彰显，换言之，艺术的生命在于个性，在于与众不同。教育也是这样，教育的目标在于培养学生成为“真正的自己”，所谓“真正的自己”就是顺应学生的个性特长，顺应学生原有的基础，顺应学生的兴趣爱好，在其原有的基础上，适度地拔高，适度地完善，最终成为“真正的自己”，并能超越自己。

“作品”需要“及时纠偏”，教育则需要及时纠正发展航向。不知从什么时候起，赏识教育风行一时，“惩罚”似乎淡出了教育的视野。其实，每个孩子在其发展过程中，都会犯错误，都会有迷航的时候，在这种情况下，适度地惩罚，适度地纠偏，有助于让孩子沿着正确的方向前进，有助于他朝着你心目中“最好的作品”前进。

每位父母都会对孩子有美好的期待，每位教师都会对学生有美好的憧憬，创作“最好的作品”应该成为我们的价值追求，让每个孩子成为“不一样的我”，成为“更优秀的我”，因为，真正的高贵，是优于过去的自己。

第三辑

莫错过了“芳华”

探讨如何引导学生珍惜青春、
一心向学、不怕挫折。

“芳华”意味着青春，“芳华”更昭示着美好。如何引导孩子珍惜青春、规划未来、拨正航向？让我们一同走进《莫错过了“芳华”》。

莫错过了“芳华”

尊敬的各位同仁、亲爱的同学们：

早上好！“沾衣欲湿杏花雨，吹面不寒杨柳风”，此时此刻，既是美丽的初春，又是清新的早晨，春天是一年的芳华，早晨是一天的芳华。今天，我想和各位同学谈谈“芳华”的话题，我讲话的题目是“莫错过了‘芳华’”。

“芳华”是什么？在我看来，“芳华”意味着青春，“芳华”更昭示着美好。“燕子去了，有再来的时候；杨柳枯了，有再青的时候；桃花谢了，有再开的时候。但是，聪明的，你告诉我，我们的日子为什么一去不复返呢？”这是1922年3月朱自清先生写作的著名散文《匆匆》中的开头部分。朱先生提出了一个令人深思的问题：为什么杨柳可以再青，桃花可以再开，人却没有第二个青春？

各位同学，你们恰同学少年，风华正茂，书生意气，挥斥方遒，你们更应该拥有自己的“芳华”。在这自然界最美好的“芳华”时节，我想真诚地对同学们说一句——千万莫错过了“芳华”。

莫错过了“芳华”，正因为青春的珍贵。青春年少，正是最具活力、最显鲜亮、最有热情、最富精力的时光，在这样的日子里学习，犹如春天的万物，可恣意地成长，可疯狂地畅想，可自由地奔跑——道法自然，自然界的规律提醒我们，人生就是个单行线，春天是短暂的，我们不可以在夏天、秋天或者冬天去做春天的事，人也亦然，错过了“芳华”，就错过了人生的春天。错过了春天，很难再有精彩的夏天，很难再有收获的秋天，更难再有美好的冬天……

莫错过了“芳华”，正因为航向的重要。早春二月，群芳吐蕊，春光无限，年轻人很容易迷失自己的方向。毋庸置疑，情感体验是美好的，参加各类活动也是美好的，至少比单一的学习要容易得多、体验丰富得多。但是，我们千万莫忘了自己的主业，要把最美好的青春献给学业。沿途的风景虽然非常优美，但是，如果我们只顾欣赏风景，忘却了前方的路，等于是迷失了真正的方向——因为，大海还在前方，彼岸也在前方！

莫错过了“芳华”，正因为师长的期待。天底下没有一个家长会这样对孩子说：孩子，你可以和老师顶嘴，你可以自由地谈恋爱，你也可以迟到早退……我相信，每个父母，将孩子送到学校，都充满着美好的期待：期待你学业进步，哪怕是一点点的成绩提升；期待你人格健全，哪怕能稍稍理解父母的不易；期待你体魄强健，哪怕你不能成为体育赛场上的健儿。

也许有同学会问，我已经明了需要珍惜美好的青春，那么怎样才能做到这一点？

如果你不想错过“芳华”，需要学会自律。每个人成长的一生，都会碰到许多外在的诱惑，许多不良的诱惑会侵蚀人生的岁月，影响成长的选择。我们有无自控，能否抵御，完全取决于有没有严格的自律。最有力量的人，是那些在诱惑面前能够掌控自己的人。人的错误，在许多情况下，是由于欲望的引诱造成的，所以法国启蒙思想家孟德斯鸠告诫人们：“不要试图同诱惑争辩，要躲开它，躲得越远越好。”

各位同学，当有同学邀你一起打游戏，你是一起去玩耍，还是把手中作业完成？曾有作家说过：“不要为蝇头小利放弃了自己的理想，不要为某种潮流而告别自己的信念。”同学们，成功的路上其实并不拥挤，因为许多奋斗的人在途中常因某种潮流改变了自己的信念。

如果你不想错过“芳华”，需要学会规划。我们外出旅游，要先做好旅游攻略。除了要带好必备的物品，还要有明确的目标、可行的线路以及合理的时间安排，这样才能减少行程的麻烦，让旅程充满新奇与收获的乐趣。人生如旅，在漫长的人生征程中，我们更要确立远大的人生理想，规划好人生发展的每一段历程，这样才能让生活更加充实，让人生更有价值。

各位同学，人的一生是由一秒一秒的时间构成的，所以你要一秒一秒珍惜着用。正如著名数学家华罗庚所说：“时间是由分秒积成的，善于利用零星时间的人，才会做出更大的成绩来。”学霸的智力不可怕，可怕的是学霸会规划。

如果你不想错过“芳华”，需要学会舍得。英国物理学家、化学家迈克尔·法拉第，曾因发现电子感应原理而震惊世界。法拉第中年以后，为了节省时间，严格控制自己，拒绝参加一切与学术无关的活动，甚至辞去英国皇家学院主席的职务。这样一位伟大的科学家，舍弃了生活的诱惑，舍弃了形形色色的活动，珍惜生命里的每一分钟，全力以赴心中的梦。

各位同学，人生需要舍得，伟大的获得无一不是源自曾经的伟大放弃。某电影中的一位地下党员，用生命掩护了同志，奔赴刑场前，她在留下的旗袍上写下了真情告白："我亲爱的人，我对你们如此无情，只因民族已到存亡之际，我辈只能奋不顾身，挽救于万一。"在今天的和平时代，不需要我们去抛头颅洒热血，不需要我们做生与死的抉择，想获得学业上的成功，只需要你舍去一些诱惑，舍去一些欲望，你就会离成功更近一些。

各位同学，老师和家长都对大家怀着无限美好的期待。一首《风雨无阻》唱哭了天下多少父母，唱哭了天下多少子女："给你我的全部/你是我今生唯一的赌注/只留下一段岁月/让我无怨无悔全心地付出/怕你忧伤怕你哭/怕你孤单怕你糊涂/红尘千山万里路/我可以朝朝暮暮/给你一条我的路/你是我一生不停的脚步。"

同学们，对于许多家庭而言，我们每个人都是父母一生"唯一的赌注"，期待大家莫错过人生的"芳华"，做最好的自己。

各位同学，我们再也回不去了，我们不可能再有一个童年，不可能再有一个邂逅……

有一句电影台词——"你不爱他，是你的权利；他爱你，是他的权利。但你没有权利出卖他。"这是对情感的诠释。但我要说，这同样也是对青春的诠释，对于青春而言，你可以爱她，你也可以不爱她，但你没有权利出卖她，更没有权利糟蹋她。

各位同学，莫错过了"芳华"，错过了"芳华"，就错过了人生应有的精彩。

谢谢大家！

如何引导孩子们在仰望星空的时候，莫忘了脚下的大地？如何看待奋斗与理想的关系？让我们一同走进《自由在低处》。

自由在低处

「 1 」

熊培云先生的《自由在高处》由几十篇杂文组成，从多个维度阐释了自由的内涵、价值、源泉以及争取自由的途径。在熊先生看来："什么时候，当你能超拔于时代的苦难之上、人群之上，你能从自己出发，以内心的尺度衡量自己的人生，你才可能是自由的。"对于作者的观点，我无意反驳，但换个视角看，有时候"自由在低处"。

「 2 」

《自由在高处》中有一篇短文《鼓掌的人》，文中熊先生引用了一段歌词："罗莎·帕克斯坐下来了/所以马丁·路德·金可以走路/马丁·路德·金起步了……"

罗莎·帕克斯是美国20世纪50年代一名普通的黑人妇女。1955年，她因为占用公交车的"白人专座"而被捕，这个非暴力反抗的行为引发了联合抵制蒙哥马利公交车的运动，以及此后马丁·路德·金领导了一场更大规模反对种族隔离的运动。

罗莎·帕克斯的行为，促使马丁·路德·金领导的黑人民权运动进入了高潮，推动了美国的民主进一步向前。

「 3 」

美国民主之所以有了一定的进步，不是一蹴而就的，它经历了岁月的漫长淬炼。当年华盛顿建立了美利坚合众国，他虽有能力拒绝王冠，却没有能力去解放奴隶。解放奴隶的责任落到林肯身上，可林肯有能力解放奴隶，却没有能力让黑人与白人平起平坐，这才有了后来的美国民权运动，有了罗莎·帕克斯，有了马丁·路德·金，有了那篇改变美国、震撼世界的演说——《我有一个梦想》。

换言之，马丁·路德·金的梦想是建立在罗莎·帕克斯勇敢地坐下的基础上的，罗莎·帕克斯的行为又是建立在当年林肯《解放黑人奴隶宣言》的基础上的……

「 4 」

聚沙成塔，聚水成海。不要奢望“自由”会在不知不觉中来到我们身边，青年人要付出艰辛的努力，才会赢得更多的“自由”。你今天的每一次努力，都会让你未来的日子有更多选择的自由。

历史上一些艺术家的人生经历，也在说明“自由在低处”的规律。伟大的作品总是源自那曾经遥远的低处，正像母亲河黄河，莫看它中下游波涛澎湃，可它的发源地却在青藏高原巴颜喀拉山北麓的约古宗列盆地，一个相对低矮的地方。

19世纪法国著名画家米勒，年轻时其画作在巴黎一直无人问津，他生活艰难，一度陷于苦恼和绝望的深渊，只好离开巴黎住到乡下。在农村，虽然他依旧未能摆脱贫困，但美丽的田园风光以及农民困苦的生活，激起了画家的创作激情，促使米勒在艰难岁月中创作出现实主义美术的丰碑式作品——《播种者》与《拾穗者》。

看来，米勒所追求的创作自由并没有在艺术之都巴黎实现，而是在郊区一个叫巴比松的小村庄完成了艺术的华丽转身。米勒的故事告诉我们，无论是学业还是事业，如果要追求属于自己的“自由”，需要我们从小处、低处着手，就像一棵棵大树那样，长得越高，根就应该扎得越深。

「 5 」

昨天，有幸聆听一名班主任关于培养精英人才的演讲，其题目是“低到尘埃，开在山巅”，在演讲者看来，培养精英，需要保持“低到尘埃”的心态，才能绽开在山巅。

冰心曾说：“成功的花，人们只惊艳她现时的明艳！然而当初她的芽儿，浸透了奋斗的泪泉，洒遍了牺牲的血雨。”冰心的诗，在向我们说明一个道理：对于成功的人，人们往往只知道他现时的成功辉煌，而不知道他当初付出了多大的努力，换言之，成功背后的辛酸，常常被我们所忽视。

无限风光在险峰。人往高处走，追求高处可能是人的本性。但是，当我们仰望星空的时候，莫忘了脚下的大地。因为，自由往往在低处。

如何通过改变孩子的思想认识，改变其思维方式，改变其认识世界的视角，引导他们倾心读书？让我们一同走进《莫为鸿鹄遮望眼》。

莫为鸿鹄遮望眼

「 1 」

一位著名高校领导因为“鸿鹄之志”的发音问题，被媒体轮番炒作。

鸿鹄是古人对大雁、天鹅之类飞行极为高远的鸟类的通称。“鸿鹄”一词之所以妇孺皆知，主要是 2 000 多年前大泽乡起义的领袖陈胜的一句话——“燕雀安知鸿鹄之志哉？”

我在这里无意讨论“鸿鹄”的读音，更不想拾人牙慧，去赞美谁，或者批评谁，只是在想，真理只有一个，网络上两极分化的评论，也掩不住真理的光芒，倒是教育过程中的一些现象更值得我们深思。

「 2 」

一名高二的吴同学和他的父亲到我办公室，坚决要求办理退学手续。这个父亲满脸的皱纹，满脸的无奈，满脸的失望，满脸的无助，期待我这个校长能给他儿子最后的劝告。

我不断劝说吴同学，从大道理到小道理，从家到国，从近到远……无论我怎么劝说，孩子总是反复强调：读书是没有多大用处的，许多人并不是名校毕业，甚至没有上过大学，但是他照样可以成为大老板，有的人即使上了名校，也会中途退学……

这孩子还举了我们泗洪一些企业家的例子，比如，搞房地产的几位老总都没有上过大学，某市一位著名企业家连初中都没有上过……

「 3 」

看来，这孩子是铁了心要离开校园，因为在他心目中，“百无一用是书生”，读书是没有用的，不读书的人同样可以有大作为，同样可以造福社会，福泽乡梓。

万般无奈之下，我抱着试试看的心理，拿出了手机，从微信公众号“黄元国摄影”中找到一张小鸟的照片，放大后拿给吴同学看，并让他观察这只鸟和其他鸟有什么不同。

莫说，这孩子的观察能力是蛮强的，他很快告诉我，这只鸟只有一条腿，且只有半个喙，在草地上艰难地觅食。

「 4 」

我进一步告诉吴同学，这张照片是学校生物老师黄元国在北校区的草坪上拍到的，黄老师给这只鸟命名为“鸟坚强”，同时还配了文字说明——

这种鸟叫乌鸫，这只鸟，叫鸟坚强。本来，这种鸟我是不爱拍的，因为拍得太多了。但近日有一个爱鸟讲座，得用图，心想，拍就拍吧，省得再去翻图，于是就拍了几张。可拍后，放大，吃惊，原来喙有问题，想着它是如何吃东西的呢？而且鸣叫声如常。处理了卡中的环颈雉图片，就在要将其他不要的图都删去时，想想卡中还有一种叫黄腹山雀的，比较少见，复制了下来。好在这乌鸫与黄腹山雀的图片连在一起，也就都复制了。在电脑上放大了看，天哪，这只乌鸫，还是一条腿，泪奔，感想很多，小心处理了一下，上群，打印，贴于班级，让孩子知道：活着，就得奋斗！

「 5 」

吴同学似乎没有明白我让他看图、看黄老师微信文字的原因，反而对我说：“老师，这样的励志心灵鸡汤，我见多了。”

我微笑着对吴同学说：“看来你没有明了我给你看图的意图，我想通过这张图告诉你一个朴素的道理——仰望苍穹，你所看到的，往往是‘天高任鸟飞’，但那些死鸟、病鸟，你是永远也无法在蓝天中见到的，就像图片上的这只鸟，黄老师无法在空中拍摄到。”

我进一步引导他：“你所说的泗洪区域所谓的那些成功人士，一方面，他们富甲一方；另一方面，他们又文凭不高，从当年的‘拎小桶’瓦工很快成长为房企的老总。可同学你想过没有，当年和他一起‘拎小桶’的人有成千上万，发展成房企的老总又能有几个人？”

我继续对他说：“再换个视角看，虽然一些学历低的人发展成为企业家，但比例仍然是极低的；相对而言，从全国、全世界来看，一些著名企业的老总大多数毕业于名校。如果再深入思考这个问题，你就会发现，如果泗洪籍这些低学历的老总他们当年有幸考上了名校，说不定他们现在的企业的影响力就不仅仅在泗洪区域，早就‘冲出亚马逊’了。”

「6」

吴同学似乎明白了一些。

我趁机“画龙点睛”：“你所见到的所谓知名企业家，就像你在蓝天白云下看到的鸟儿，或展翅翱翔，或轻声鸣唱；而你看不到的，更多的是那些依然在工地上几十年如一日劳作的人们。”

我还对孩子说：“看问题要学会思考与分析，不要为简单的现象所迷惑，数学上有个概率问题，相对而言，高学历的人成功的概率远远高于低学历的，他们对社会的贡献度也是相对大一些。因此，希望你不要轻言放弃，你说呢？”

吴同学点了点头。

「7」

这个教育案例给了我深刻的反思——教育需要借助源自心田的力量。教育真的不能简单地说教，因为教育真的不简单。

从某种意义上看，改变一名学生，首先需要改变其思想认识，改变其思维方式，改变其认识世界的视角。

要让孩子认识到，莫为鸿鹄遮望眼，多反思世界上还有更多的平凡与不幸；莫为现象甚至是假象遮望眼，多反思现象背后的深层次原因；莫为眼前的得失遮望眼，要倾心读书，因为——

读书，会让你遇到更好的自己，站到更高的平台，眺望更遥远的地方。

对待早恋，就像治理江河，一味地“堵”是不能解决问题的。面对“早恋”，我们怎么办？让我们一同走进《七月枣子与八月梨》。

七月枣子与八月梨

「 1 」

近日，一位高一的家长给我来电话，她非常焦急，因为她发现了女儿有早恋的倾向。

我问她如何判断孩子早恋了，她说，孩子有几点变化让她担心：一方面，孩子最近喜欢打扮，喜欢看情感类电视剧和爱情小说，喜欢买时尚的衣服，甚至还偷偷用妈妈的化妆品；另一方面，孩子最近和班上的某个男生走得很近。

我对她说：“你说的几点的确让人担忧，但在你没有确凿证据之前，还无法判断孩子是否真的谈恋爱了。有一个观点供你参考：即使你女儿恋爱了，也是正常的，作为家长，‘围追堵截’基本上都是徒劳的。唯一的出路，就是给予孩子正确的引导。”

我还给家长举了一个六年前的案例。

「 2 」

那一年，我做毕业班的班主任。

在高三的下学期，体育老师跟我说，上体育课的时候你们班两个同学曾到旁边的小树林里玩，动作很亲昵……

我自然很生气，两个孩子成绩都很好，都有考上本科的希望，尤其是那位女生，还是班干部。我及时找班长了解情况，班长告诉我，他俩的事我们同学早知道了，可是没有人敢告诉您，班里有类似情况的还不止一个人……

这件事情让我一度很痛苦，一来他们都有机会考入本科，在我心目中，他们都是乖孩子；另一方面，男生的爸爸还是我高中的校友，我不知道怎样和这位校友提及此事，更不知道如何破解这“早恋”的难题。

更让我难以接受的是——“班里有类似情况的还不止一个人”。

「 3 」

有个励志视频说得好——使我痛苦者，必使我强大。这件事虽然一度让我痛苦，但也让我迅速思考着解决之道。

几天后，我分别找男生、女生谈话，讲的内容都在忆童年：“我小时候，家里很穷，家中实在没有什么可吃的，常常在枣树、梨树下转悠，趁大人不注意的时候，把很涩甚至有点苦的枣子、梨子偷偷摘下来……一次，不小心被祖父发现了，他严厉地训了我，说‘七月枣子八月梨，九月柿子黄肚皮’，不到成熟的日子，果子是不能吃的……”

不知这两个学生是否明白我的忆童年，反正他们都似懂非懂地点了点头。

「 4 」

再后来，我干脆在班里开了以“七月枣子八月梨”为主题的班会，一边忆童年，一边阐明事理：我们都只有一次青春，而青春是无法复制的，要把最美好的青春献给最美丽的读书事业。

再后来，班里其他疑似“早恋”的同学似乎更用功了，我谈话的那两位同学每次和我交流的时候都似乎有些歉意，成绩也逐步稳定了，当年高考也都如愿考入了理想的本科院校。

我不敢判定这些孩子的变化是否与我的教育疏导有关，但这件事却给了我诸多的反思……

「 5 」

反思一：道法自然，对待早恋，就像治理江河，一味地“堵”是不能解决问题的，它需要我们去综合治理，采取疏导的办法。

在泗洪，一直有“水母娘娘水漫泗州”的美丽传说，其实，洪泽湖的最终形成与泗州古城的沉没主要都是人为因素造成的：为了防止洪水对泗州城的侵蚀，人们在泗州城的四周垒砌了大坝，这的确起到了防洪作用，但是问题来了：经年累月地筑坝，不仅妨碍了泗州城与外面的交通，更大的危害是堤坝越来越高，终有倒去的那一天……

面对早恋行为，我们教育者还真的不能向古人学习。试想一下，如果我们的先人在治理黄河时能采取疏浚的办法，多开几条人工河，或者重视黄河上游的环境保护，也许泗州城就不会沉没，洪泽湖最终也不会形成。同样，面对所谓的“早恋”，我们也需要打开思维的天花板，采用多维办法解决问题，“堵”只会让问题更加严重，事与愿违，得不偿失。

「6」

反思二：教育需要“另一面”的典型，“反面典型”会让没有类似生活经历的孩子警醒，也许会让早恋的孩子迷途知返。

记得在那次班会课上，我举了2010届张某华和李某男的案例（为了保护孩子的隐私，我没有提供学生的真实姓名）：他们当年是某某班最有希望考上一本的学生，可在高三的上学期，他们悄悄地好上了，班主任及双方的家长一起做工作，结果事与愿违，两个孩子铁了心在一起。

学生马上就问，这两个孩子最后结果如何？

我停顿了一会告诉大家：他们最后都没有考上本科，最后他们也没有走到一起，当初所谓的海誓山盟伴随着高考结束而烟消云散……

教室里传出了一片叹息声。

「7」

上次听讲座，有个专家说，恋爱就是恋爱，没有什么早晚之分，“早恋”一说不妥。而面对孩子的早恋现象，家长和老师都曾一度惊恐过、彷徨过，甚至手足无措过。

显然，我们不能苟同专家的说法。但恋爱毕竟是美好的人生体验，相比备战高考的艰苦，恋爱的情感要丰富得多。可人生很短，青春更短，如果学生还没有成年，就去体验谈恋爱，等于过早折断了“隐形的翅膀”，这与我们在六月份吃枣子、七月份吃梨子的结果是一样的：苦涩难咽，同时，还妨害了果子的正常成熟！

“七月枣子八月梨，九月柿子黄肚皮”这一句农谚，道尽了自然的哲理——过早或者过迟，都违背了四时规律。

就像我们不能在春天种冬小麦，不能在夏天种春花生，不能在秋天种大豆一样，规律都是用来遵守的，而不是用来违背的。

七月枣子与八月梨，其中蕴含着诸多的教育哲思。

高中三年，就像盖一栋摩天大楼。如何引导孩子在理想的照耀下，珍惜青春“这朵美丽的花”？让我们一同走进《世上有朵美丽的花》。

世上有朵美丽的花

尊敬的各位老师、亲爱的同学们：

早上好！今日云景好，水碧秋空高。在这美丽的初秋时节，新学期我们又迎来了 1058 名高一的新同学，让我们以热烈的掌声向各位新同学表示欢迎！

1979 年，中国有一部电影《小花》，曾红遍大江南北，其插曲《绒花》更是打动了每一名观众的心：“世上有朵美丽的花，那是青春吐芳华，铮铮硬骨绽花开……”对于我们高一的新同学而言，你们就是这世界上美丽的花，站在新三年的起跑线上，我想对各位新同学谈谈对你们的期待，我讲话的题目是“世上有朵美丽的花”。

盛年不重来，一日难再晨。岁月总是在不经意间流逝。纳德·兰塞姆是法国最著名的牧师，他一生中有一万多次亲自到临终者面前，聆听他们的忏悔，他差一点把这一万多人的临终忏悔付诸出版。纳德·兰塞姆去世后，他墓碑上的一句话让世人警醒：“假如时光可以倒流，世界上将有一半的人可以成为伟人。”可我们知道，时光不可以倒流，青春也不可以回来，世界上也没有那么多的人会成为伟人。

毋庸置疑，人的发展是有黄金期的，虽然人生的每个年龄段都有其独特的风景，但中学阶段是人生旅程中最美的景观。那是因为，你们读小学时，年龄太小，懵懵懂懂，谈理想言之太早；而到了大学，已经基本定型，谈成功多少有点迟。在中学阶段，“恰同学少年，风华正茂”。张爱玲曾说：“出名要趁早啊！来得太晚的话，快乐也不那么痛快。”她的这句话，等于在告诉我们，青年是追求卓越的最佳时期，青春有无限多的可能性。

有一段电影台词：“我不能等你一年零一个月了，我也不能等你到二十五岁了，但是我会等你一辈子……”这本是情感的真挚表达。其实，作为老师，一辈子都在静待花开，一辈子都在等待学生更大的成功，真诚地期待泗洪中学的教育能够深深地影响你们一辈子。此时此刻，我对你们的未来有五点美好的期许：

期待你们能成为“仰望星空”的花儿。黑格尔曾说：“一个民族有一些关注天空的人，他们才有希望；一个民族只是关心脚下的事情，注定没有未来。”期待同学们能够将自己的理想和国家富强、民族振兴、家乡繁荣结合起来。如果我们能站在更高的平台上去思考未来，如果我们能把个人奋斗更多地赋予家国情怀，那你现在吃这一点苦又算什么呢？你就不会觉得苦，不会觉得累，不会埋怨生活中所谓的不公平。

期待你们能成为“相信自己”的花儿。《相信自己》一歌中唱道：“梦想在你手中，这是你的天地，相信自己，你将超越极限，超越自己……当这一切过去，你们将是第一。”期待所有同学都要“自信人生二百年，会当水击三千里”，也许你目前离名校只有 10 分、20 分的差距，但相对三年的长跑而言，10 分、20 分根本不是距离，只要稍稍坚持即可实现跨越。因此，大家不要妄自菲薄，而应全力奔跑，一定会跑出意想不到的距离。

期待你们能成为“一往无前”的花儿。英国一位前首相有一个习惯，总是随手关上身后的门。他的朋友问他缘由，他说：“我这一生都在关我身后的门，当我关门时，也将过去的一切留在后面，不管是美好的成就，还是让人懊恼的失误，然后，你才可以重新开始。”将自己的后路断掉，有时才会一往无前。随手关上身后的门，将过去一切通通忘记，不因过去的成绩而沾沾自喜，不因曾经的失利而郁郁寡欢，而应该轻轻松松地走向另一扇门。这时你会发现，我们在每一天里重新诞生，每一天都是幸福的开始。

期待你们能成为“心静如水”的花儿。《于丹〈论语〉心得》中有一个小故事：有一群小青蛙爬铁塔，在途中有的质疑，有的退缩，有的放弃，唯有一只最小的青蛙最终爬到了塔顶。大家都非常敬佩它，就围拢上去问缘由，答案让大家出乎意料：原来这只小青蛙是个聋子。这只小青蛙之所以能爬到塔顶，因为它听不到别人的议论，一心向上；因为它心静如水，没有外面世界的干扰。期待大家在前行的日子里，都能保持一颗平常的心，保持一颗安静的心，心静者无疆。

期待你们能成为“不惧失败”的花儿。同学们，失败并不可怕，可怕的是对未来的绝望。1968 年的墨西哥城奥运会上，坦桑尼亚选手艾哈瓦里在参加马拉松比赛过程中受伤，当他缠着绷带、拖着流血的伤腿一瘸一拐地最后一个人跨过终点线时，全场观众起立。当被问及为什么不索性退出比赛时，艾哈瓦里笑了笑，只轻轻说了一句：“我的祖国派我到这里是要我冲过终点的。”鲁迅先生曾说：“我每看到运动会时，常常这样想：优胜者固然可敬，但那虽然落后而仍非跑至终点不止的竞技者和见了这样竞技者而肃然不笑的看客，乃正是中国将来的脊梁。”希望同学们要做“非跑至终点不止的竞技者”，也要做“肃然不笑的看客”，努力把自己培养成为未来中国的脊梁。

同学们！能够考入泗洪中学，意味着你曾经的成绩优异，但现实生活不会认可你过去的辉煌；你可能相貌姣好，但高颜值也绝不会和成功画等号；你可能天资聪明，但如果缺失了中学阶段的勤奋，即使是天才，也可能会很快泯然于众人。

同学们！高中三年，就像盖一栋摩天大楼，高一、高二是地基，高三是顶楼，当我们一路走来，如果高一、高二没有打好地基，等到了高三，已经盖到了顶楼，我们既无法去加固地基，也不能再将大楼推倒重建！人生就像盖楼，一砖一瓦都应该精心搭建，否则，上苍根本不会给你重建的机会！

期待在你们毕业的那一年，你们的耳畔依然能够响起《钢铁是怎样炼成的》中保尔的话：“人最宝贵的是生命，这生命属于每个人只有一次。人的一生应当这样度过：当他回首往事的时候，不因虚度年华而悔恨，也不因碌碌无为而羞愧……”

同学们，花无百日红，人无再少年。我们再也回不去了，我们不可能再有一个童年，不可能再有一个小学或初中，不可能再有从前的快乐、幸福、悲伤、痛苦，不管是昨天，还是前一秒……通通都不可能再回去了，生命原来是一场无法回放的绝版电影。

同学们，你们是世上那朵美丽的花，正值青春吐芳华，老师希望你们“最美的珍藏”，不是那些往日的时光，不是那些曾经的辉煌，不是那些无益的彷徨，不是那些难言的悲伤，更不是那些看似美好的幻想，而是去追求属于你的未来的芬芳！

谢谢大家！

佛家有云：静能生慧。如何引导孩子考场上始终保持一颗冷静的心，去完成人生的挑战？让我们一同走进《心静自然“良”》。

心静自然“良”

亲爱的各位同学：

下午好！再过三天，我们就要走进高考考场。三年的努力，都将通过三天后的考试来证明。三年来，我给大家开了许多会，但这一次是最后一次。利用今天班会课前的五分钟，想给大家谈谈“心静”的话题。我发言的题目是“心静自然‘良’”。

先来看一则小故事——

有一个老张头，当了二三十年屠夫，练就了“一刀准”的绝技。他卖肉很少用电子秤，有人不信，把肉往电子秤上一放，伸长脖子，睁大眼睛一瞅，果真一两不差。当地电视台正在举办“奇人绝技”挑战比赛，冠军奖是一万元，老张头心动了，真的去报了名。

比赛的时候，主持人说：“现在请张师傅给我切3斤4两肉，如果切准了，那一万元奖金就是您的了！”老张头点点头，小心翼翼地拿起了刀，但他却迟疑着不敢下手，额上还渗出了细细的汗珠。过了好一会儿，在主持人的一再催促下，老张头才一刀切了下去。在电子秤上一称，整整多出了2两多。

老张头为何发挥失常？是那一万元奖金扰乱了老张头的心神，从而使他难以发挥出自己真正的水平来。

同学们，高考可能是人生最重要的平台之一，适度紧张是正常的。更何况，适度紧张在一定程度上有利于我们水平的发挥。但是，从某种意义上看，如果你的紧张超过了限度，其实就是让自己成为“迷途的羔羊”。

老张头的故事告诉我们，要学会自我减负。老张头之所以大失水准，是因为他太紧张了，压力太大了，他担心在亿万观众面前失去“一刀准”的名号。可见，越是关键的时刻，越需要心静、淡定。尤其在高考的考场上，你的冷静会成就你的梦想，你的过分紧张其实是在成就对手。考场上，同学们要学会给自己减负，对于需要加速前进的我们而言，减负才能前行，正如印度诗人泰戈尔所言："给鸟儿的翅膀绑上金子，它就再也不会直冲云霄了。"

老张头的故事告诉我们，要学会宁静致远。老张头之所以大失水准，是因为他在比赛前心已经无法安静了，他既担心失去自己"一刀准"的名号，又担心拿不到一万元的奖金。同学们，越是接近成功，越需要保持一颗宁静的心。诸葛亮在《诫子书》中说："非淡泊无以明志，非宁静无以致远。"在诸葛亮看来，一个人须恬淡寡欲方可有明确的志向，须寂寞清静才能达到深远的境界。尤其在竞争激烈的高考考场，需要我们保持一份"淡泊"，保持一份"宁静"，保持心静，才能收获更加精彩的人生。

老张头的故事告诉我们，要学会抓住当前。老张头之所以马失前蹄，还因为他操作的环境已经不是平时的环境，平时他切肉的目标只是满足顾客的需求，而在节目上，他切肉的目标已经和"一刀准"的名号及一万元的奖金联系到了一起。其实，老张头如果想获得成功，路径很简单，只要他把本次切肉和平时切肉的目标保持一致即可。在高考考场上，希望同学们不要考虑这门课到底能考多少分，不要思虑总分能考多少，更不要思考将来上什么样的大学，你要做的，就是要紧紧地抓住当前，只需要你"一分一分地拿""一分一分地争""一分也不要放弃"就行了。因为，这样做，正是你平时的状态，这就是你平时的心理，保持平时的状态，其实就是你最佳的状态。

还有一个故事，同样也能说明"心静"的重要性，这就是心理学上常说的"瓦伦达心态"。

瓦伦达是美国一个著名的高空走钢丝表演者，在一次重大的表演中，不幸失误。他的妻子事后说："我知道这次一定会出事，因为他上场前总是不停地说，'这次太重要了，不能失败，绝不能失败'；而以前每次成功的表演，他只想着走钢丝这件事本身，而不去管这件事可能带来的一切。"后来，人们就把专心致志做事而不去管这件事的意义，不患得患失的心态，叫作"瓦伦达心态"。

美国斯坦福大学的一项研究也表明，人大脑里的某一图像会像实际情况那样刺激人的神经系统。比如当一个高尔夫球手击球前一再告诉自己"不要把球打进水里"时，他的大脑里往往就会出现"球掉进水里"的情景，结果也往往事与愿违，最后球大多都会掉进水里。这项研究从反面证实了“瓦伦达心态”。

“瓦伦达心态”告诉我们，高考前要消除许多“不合理的假设”，我们不要去假设数学某道题不会怎么办，不要去假设作文写走题怎么办，不要去假设阅读理解中许多英语单词词义不理解又怎么办……诸如此类的假设都是“不合理的假设”，这些假设，会让我们更加紧张，更加无助，更加迷茫，对我们正在进行的备考“百害而无一利”。

同学们，高考不仅仅考查你的知识和能力，还考查你的心理和心态。美国著名社会心理学家马斯洛曾说，心态若改变，态度跟着改变；态度改变，习惯跟着改变；习惯改变，性格跟着改变；性格改变，人生就跟着改变。马斯洛本意是在阐释心态、态度、习惯、性格与人生的关系，但也从一个侧面在说明心态和成功的关系。

同学们，高考在即，在这样一个特殊的日子里，我们期待你们在考场上始终保持一颗冷静的心。佛家有云，“静能生慧”，安静、冷静、清净，都会让你变得更聪慧，让你变得更从容，让你变得更强大！

同学们，离别在即，2012 年我作为班主任，给当时的高三（28）班撰写了班歌，班歌的名字叫《有一天》，今天，我把班歌的第一段送给大家，期待大家都有一个美好的未来！

总有一天，你的眼神不再迷茫 / 那分明是理想，散芬芳 / 总有一天，父母安心梦乡 / 在故乡的怀里，轻轻晃 / 我的同窗，再不忧伤 / 我的同窗，充满着阳光 / 留一片云，当作我们的念想 / 我扬帆起航，追梦远方……

谢谢大家！

如何引导孩子们告别昨天的怯懦，走向坚强的自我，迎接人生的挑战，成就明天的辉煌？让我们一同走进《勇者为王》。

勇者为王

亲爱的各位同学：

下午好！“三模”过后3天了，有的同学看着自己的试卷发呆，有的老师看着学生的分数发呆，有的家长看着孩子的成绩发呆，许多人都在问自己：怎么了？分数怎么会越来越低？

今天是5月7日，离高考只有30天了。在这备战高考的最关键时刻，我想和同学们谈谈勇气的话题，我发言的题目是“勇者为王”。

在激烈的高考竞争面前，如果我们失去了勇气，如果我们自怨自艾，如果我们裹足不前，其实我们就是在成全对手，就是在失去自我。鲁迅先生说得好：“真的猛士，敢于直面惨淡的人生，敢于正视淋漓的鲜血。”更何况，一次考试的不顺，并不是“惨淡的人生”，更不是“淋漓的鲜血”，只不过是前行道路上一次小小的颠簸。

现在让我们一起穿越，回到2700多年前春秋的古战场，在著名的长勺之战中，弱小的鲁国击败了强大的齐国。战后，著名军事理论家曹刿对这次战争进行了精彩的点评，他说：“夫战，勇气也。一鼓作气，再而衰，三而竭。彼竭我盈，故克之。”他还说：“夫大国，难测也，惧有伏焉。吾视其辙乱，望其旗靡，故逐之。”

《曹刿论战》出自《左传·庄公十年》，同学们都曾从语文课本中学习过，仅仅从这50多个字中，我们似乎看到了关于战争胜利的铁律：

战争胜利，取决于“勇气”。“一鼓作气，……故克之”说的都是勇气的重要性。换个视角看，齐国虽然是一个大国，却在战争中失败了，因为它的“辙乱”了，因为它的“旗靡”了。“辙乱”说明齐国军人的心里已经乱了，“旗靡”说明齐国人已经没有了自信。

在奔向高考的日子里，当你上课睡觉的时候，当你自习时开小差的时候，当你在宿舍偷偷玩手机的时候，当你已经无心向学打发日子的时候，你敢大声对自己说“辙未乱、旗未靡”吗？

在“辙乱”“旗靡”的背景下，强齐变成了弱齐，其“长勺之痛”就在所难免了。

对于齐国而言，长勺之痛，痛在齐国缺乏进取的勇气，缺乏必胜的信心。历史其实就是一面镜子，以史为鉴，可以知兴替。从长勺之战的这面镜子里，我们应该从中吸取历史的教训。杜牧曾在《阿房宫赋》中告诫人们：“秦人不暇自哀，而后人哀之；后人哀之而不鉴之，亦使后人而复哀后人也！”

我们是新时代的中学生，决不能“后人哀之而不鉴之，亦使后人而复哀后人也”，我们要从失利中看到成功，从黑暗中看到光明，从不利的局面中看到转圜的机会，尤其在当前的情况下，更要学会给自己打气，要拥有一往无前的勇气，因为“勇气为王”。

你应该拥有自查的勇气。面对失利，面对落后，悲哀几乎是毫无价值的，你现在要做的，就是要从零模、一模、二模、三模的试卷中找到你失利的症结，找到阻碍你前行的绊脚石。找到了薄弱，就找到了富矿，就找到了问题的关键，为此后的整改奠定了基础。

你应该拥有整改的勇气。面对问题，我们不能拥有“鸵鸟心态”，更不能“讳疾忌医”，因为“护短”的结果只能是“越护越短”。面对不足，要大胆地整改，要从根本上去改变自己。薄弱本来就是一座富矿，挖得越准，挖得越深，挖得越透，你成绩的提升才越有可能。

你应该拥有扬弃的勇气。“扬弃”本是哲学上的方法论，就是得与舍、发扬与抛弃的统一。对于即将走上战场的同学们而言，你们要学会扬弃，要发扬自己的优点，让自己的强项更强；更要抛弃自己的弱点，让自己的弱点变强大……尤其要抛弃那些危及自己前行的坏习惯：不规范、不守时、不限时、玩手机……

你应该拥有成长的勇气。当我们遇见黑暗时，请不要灰心，因为黎明就在不远处；当我们遇见痛苦时，请不要灰心，因为胜利就在不远处；当我们遇见曲折时，请不要灰心，因为顺境就在不远处。寒来暑往，世界总是在成功和失败之间轮回，黑暗也罢，痛苦也罢，曲折也罢，都是我们通往成功彼岸的必经之路。请不要拒绝失败，除非你不想成功。在困难面前，我们都要有成长的勇气。

什么是勇气？中央电视台《朗读者》中的一段话，也许会给大家有所启迪：“就像茨威格所说，勇气是逆境当中绽放的光芒一样，它是一笔财富，拥有了勇气，就拥有了改变的机会。岳飞的三十功名尘与土，文天祥的留取丹心照汗青，贝多芬的扼住命运的咽喉，海伦·凯勒的假如给我三天光明，这些勇气都彪炳在史册上，流传在故事里……勇气有时候是一瞬间的闪念，有时候是一辈子的执念。”

今天我在这里和同学们谈“勇气为王”，就是真诚地期待你们，在看清了生活真相之后依然热爱生活；就是真诚地期待你们，在经历失败之后依然相信胜利就在不远方；就是真诚地期待你们，在历经岁月的磨砺之后依然不减前行的步伐；就是期待你们“历尽千帆，归来仍是少年”！

海子曾说：“我们最终都要远行，最终都要与稚嫩的自己告别，告别是通向成长的苦行之路。”期待同学们能告别昨天的怯懦，走向坚强的你。你，就是你的未来，今天拥有勇气的你，就会成就你明天的辉煌。你选择怎样的今天，明天就会怎样去选择你！

1954 年，《老人与海》的作者海明威获得诺贝尔文学奖，瑞典文学院在评语中说：“勇气是海明威的中心主题。”此时此刻，《老人与海》的主人公圣地亚哥的声音在提醒我，更在提醒每位洪中学子——“一个人并不是生来要被打败的，人尽可以被毁灭，但却不能被打败！”

谢谢大家！

假如高考目标是一只羚羊，如何引导孩子在备考的关键时刻拥抱自信、敢于坚持、用心专一，最终捕获这只“羚羊”？让我们一同走进《0.4 秒的美丽》。

0.4 秒的美丽

「 1 」

离比赛结束仅有 0.4 秒！

2004 年，NBA 湖人队与马刺队第五场比赛的第四节，经历了数次的相互反超后，马刺队的传奇队员蒂姆·邓肯在 22 英尺（1 英尺≈ 0.30 米）处后仰出手，神奇命中。73∶72，马刺队领先，留给湖人队只 0.4 秒的时间。

马刺的主教练和所有的队员、几乎所有的现场观众，还有数以亿计的坐在电视机前的全球观众，都认为马刺队的胜利，应该是囊中之物了。然而看似不可能的事情偏偏发生在此时此刻！

湖人队主教练菲尔·杰克逊叫了暂停。他没有放弃，也鼓励他的队员不要放弃。湖人队员准备发球，却没有进攻的最佳时机。主教练再次叫了暂停，再次在极为不利的情况下进行了战术安排……

湖人队员准备再次发球，仍然没有最合适的机会，主教练又一次叫了暂停。三次暂停！三次战术安排！三次鼓励！只因为 0.4 秒的存在！

终于，最让全球观众激奋的时刻出现了。其实，仅有 0.4 秒！湖人队员发球，队员费舍尔在接球的瞬间出手投篮。红灯亮了，但球已出手。充满了神奇与魔力的篮球，在数以亿计的观众眼前，划过一道优美的弧线，进了！美国的 NBA，再次为我们演绎了一场经典之战。

「 2 」

这个案例已经被列入美国 NBA 十大绝杀案例之一。这个案例让我想起了 1983 年的全国高考作文题——“这下面没有水，再换个地方挖”。

从这个图片看，挖井人先后挖了四个坑，最接近水源的是第 4 个坑，可是，都没有挖到水源，留下一句“这下面没有水，再换个地方挖”就怅然而去。

从材料上看，这个挖井人不是一个空想家，你看他卷着裤腿、抽烟沉思、汗流浃背的样子，就可知道他也为挖井费了许多心思，思考了很久，并付诸了行动。可结果又怎样了？由于他没有学会坚持，一无所获。其实，成功近在咫尺，却与他擦肩而过。

「 3 」

上述的两个案例，都给我们留下了许多有益的反思。

从案例一看，湖人队之所以能够取得最后的成功，主要有三点值得借鉴：一是对胜利的坚持，不到最后一刻，不放弃拼死一搏，即使只有 0.4 秒，也不放弃；二是对队员的鼓励，即使在只有 0.4 秒的情况下，主帅菲尔·杰克逊也在不断地鼓励自己的队员，只要战术正确，就会赢得胜利；三是正确的战术安排，在只有 0.4 秒的情况下，湖人队三次请求暂停，三次调整战术，在如此紧张的情况下，湖人队没有被压力吓到，依然保持清醒的头脑。

从案例二看，挖井人之所以没有看见那清澈的泉水，也有三个方面的教训：其一，缺少专心，他先后挖了 4 个坑，其实他只要在第一个坑持续发力即可，没有必要多挖几个坑试试；其二，缺少恒心，即使在挖 4 个坑无果的情况下，也应该坚持挖下去，总有一天，他会见到清泉的涌动；其三，缺乏信心，不经历风雨，怎么能见彩虹？任何事物的成功，都会经历曲折和坎坷，面对前进道路上的沟沟坎坎，我们需要扬起自信的风帆，一往无前，不要轻易得出“这下面没有水，再换个地方挖”的结论。

「 4 」

再回到我们的现实中。在我们的身边，有人看到离高考不远了，就早早“刀枪入库，马放南山”了，认为反正不行了，不要做无谓的坚持，还不如“早点投降”。唉，成功咫尺，你却天涯。

我曾经接到一位高三学生的短信，他在短信中说：

周校长，您好，我是高三 × 班的 ××，这么晚打扰您实在不好意思。您觉得二模 234 分的差生在余下的两个月里有可能冲进一本的行列吗？或者说我该如何努力？我每天也经常学到深夜，但总觉得效率太低，心理落差有点大，随着时间的流逝，反而成绩越来越差，有时候真的挺恼人的，以后能不能像今天这样有啥事和您聊聊？人家一直在进步，我却一直在退步，零模 282，一模 271，二模 234。我有时候觉得自己还行，有时候又觉得自己啥也不懂……我就想向您请教一下我以后该怎么学。我刚买了全套的五年经典试题，以后想用晚上回家时间刷题和回看旧题，您觉得可行不？

这个孩子是在听了我的一次“边缘生”转化的讲座后，第一时间给我发了短信。从他的短信中，我了解了该生发展的基本状况：他高一高二时，认为自己的成绩很好，于是就放松了自己；在高三时开始发力，但是发现启动晚了；在高考还剩下不到两个月的时候，觉得非常纠结，以至于发短信给我，希望我给他备考支招。

「 5 」

用“0.4 秒的美丽”这个标题，其实是想阐释：在冲刺的关键时刻，我们该怎么去面对。

0.4 秒的美丽，美就美在自信。在湖人队与马刺队的比赛中，湖人队没有被只有 0.4 秒而对手已经反超 1 分吓倒，而是重拾自信，进行了最后的抗争。两军相遇勇者胜，这是说在战争中，当两军实力相当的情况下，有勇气、有自信的一方会取得最终的胜利。在冲刺的关键时刻，我们每一天都要高扬自信的旗帜，相信“我能，我行，我成功”，坚定地拼搏，奋斗到无能为力，拼搏到感动自己。

0.4 秒的美丽，美就美在清醒。在案例一中，在最后关键时刻，主帅菲尔·杰克逊是清醒的，三次请求暂停，三次调整战术；队员费舍尔是清醒的，他在接球的瞬间果断出手投篮，精准命中。运动员或指挥员的出色，就彰显于竞技最后之关键仍能保持运动形体动作之不变形；就在于越是面对高对抗的竞争，越能保持清醒的头脑和稳定的心态。

0.4 秒的美丽，美就美在专一。在案例二中，挖井人之所以无功而返，最主要的原因还在于其缺乏专一的精神。蚯蚓是一种常见的陆生环节动物，在整个食物链中，属于低端的动物，但其“用心一”这一特性却是其能生生不息的主因。

「6」

据说，非洲豹在追赶猎物羚羊时，总是坚持追赶身体弱小的那一只，在追赶的过程中，对那些即使近在咫尺的惊恐观望的羚羊，也会置之不理。

高考目标就是一只羚羊，如果我们想捕获它，就必须像豹子一样咬定，一直奔跑下去。奔跑途中会有形形色色、各式各样的诱惑，它们会尽一切所能引诱你，打扰你。一旦你为它们停步，那么最终你将一无所得。

似乎人生的每一次挑战都在不远处，在挑战面前，在迎考的最后关键时段，如果我们都能严谨生活每一天，能积极作为每一天，能认真负责每一天——为别人，也为自己，越是在困难面前，越是能去实现自我的超越，在这样的情况下，你才会赢得属于你自己的 0.4 秒的美丽。

清泉就在不远处，彼岸也在不远处，0.4 秒的美丽，属于每一个拥抱自信的人，属于每一个敢于坚持的人，属于每一个用心专一的人。

教育就是“一盏一盏的灯”，如何给孩子以正确的思想引领，引导他们坦然面对学习和生活的挑战？让我们一同走进《只有我的心》。

只有我的心

同学们：

明天，你们即将奔赴徐州，奔赴江苏师范大学考点，去参加 2018 年江苏省艺术统考。对于学校而言，你们是“空前绝后”的一届：因为下一届，选学美术专业的只有十几人，规模只有你们的八分之一；更因为，在我所管理过的几届美术班学生中，你们这一届是最勤奋、最踏实、最守纪的一届。

临行时刻，总想跟你们说点什么。

「1」

同学们，今天我不想和你们谈自信，因为在我看来，你们都是非常自信的孩子，尤其是在两次县统测中，你们两次“笑傲江湖”，这就是你们给我的信心。我有预感，你们一定会再次给我、给泗洪中学新的信心！

还记得在两年前的一次晨会上，我曾经给你们讲过一个故事——一位女歌手，首次登台演出，心里非常紧张，手心直冒汗，心想：“如果在演唱过程中，忘记歌词怎么办呢？”她越想越害怕，甚至产生放弃的念头。

一位前辈看出了女歌手的担心，他面带微笑地偷偷塞给女歌手一个纸卷，轻声说：“别紧张，这纸上有歌词，万一你在唱歌时忘记了歌词，你就拿出来看看。”结果，这位歌手演出得非常成功，没有出现任何差错。当她向前辈致谢时，前辈笑了笑说：“不要感谢我，是你自己战胜了你自己，是你找回了自信，其实我给了你一张空白纸。”

正如案例中的女歌手那样，自信，才能让我们更好地展示自我，才能让我们赢得更多的发展机遇，才能让我们在考场上笑对人生。在竞争激烈的考场上，你不自信，没有人替你自信，两军相遇勇者胜，期盼你们在徐州的日子里，每天嘴角上总是洋溢着自信的微笑，带着自信去应对人生的考验。

「2」

同学们，今天我也不想和你们谈规范，因为在我看来，你们已经非常规范，你们的一笔一画，哪怕是每一个线条，都曾倾注了心血，你们是文化班同学的样板，你们是文化班同学的旗帜。

还记得两年前，我在一次校会上，同样给你们讲过另一个故事——

1764 年，哈佛大学图书馆珍藏馆遭受了一次大火，在这次毁灭性的火灾中，只有一本名为《基督教针对魔鬼、俗世与肉欲的战争》的书幸免于难，它的幸免是因为一名学生违规把它带出了图书馆。

火灾第二天，那名学生经过激烈的思想斗争，径直走到校长霍里厄克的办公室，把书交给了校长。校长收下了书，并对他表示了感谢，然后在学校大会上，因他的违规，公开宣布开除了这名学生，因为当时哈佛大学规定，任何人不得将部分珍贵的书籍带出图书馆。有媒体在评价这件事时说：“哈佛的生存靠的是校规，而不是道德。”

据国家安全监管总局以及交通运输部在 2017 年 12 月发布的研究报告，近年来我国道路交通事故虽然降幅明显，但仍然高发，道路交通事故年死亡人数仍高居世界第二位。除了部分客观原因，车祸更多的是源于人们对行车规范的漠视。一个人生活在团队或集体中，自觉接受规范的约束就显得格外重要，就像一条高速公路，如果没有对各种交通规范的严格执行，悲剧随时都可能发生。艺术高考的考场，也像高速公路一样，需要我们规范、规范再规范，关注每一个细节，规范会让你笑傲考场。

「3」

同学们，今天我也不想和你们谈考试方法，因为在我看来，你们都是经过了平时的千锤百炼，你们对各种方法已经了然于胸，万事俱备，只欠东风，只欠高考的“东风”来验证你们的努力。

还记得两年前一次班会课前，我通过年级广播也给大家讲过一个故事——

清朝乾隆年间有一位书法家叫刘石庵，他的书法集合各家的长处，但又能保持自己的特色，形成了自己独特的丰腴、厚重的风格。刘石庵有一个学生，他是另一个书法家翁方纲的女婿。而翁方纲的书法讲究“每笔必有来历”，每笔都一定模仿古人的笔迹。

有一天，女婿问翁方纲对刘石庵书法的看法，翁方纲不以为然地说：“你老师的书法有哪一笔是古人的？你去问问他。”翁方纲的女婿真的用原话去询问刘石庵。刘石庵听了过后，说：“你回去问问你的丈人，问问他的书法中哪一笔是属于他自己的？”

同学们，个性是艺术的生命，艺术高考考场的舞台不仅仅是自信者的舞台，不仅仅是规范者的舞台，更是创新者的舞台。面对全省三万多名考生，面对如此残酷的竞争，创新者才能勇立潮头，才会脱颖而出，期盼同学们在考场上能够大胆创新，“画出”真正的自我，争取让每一笔都是“自己的”。

「 4 」

同学们，对你们我只有一个期待，那就是在考场上保持一颗平常心，把专业高考考试当作平常的检测，静心、静心再静心，冷静面对考题，冷静地挑战自我，你们一定会赢得比平时更好的成绩！

同学们，也许你们会说，今天你这也不说，那也不说，那你到底想说什么？

印度伟大文学家泰戈尔曾经访问中国，送别时，陪同的中国同行友情提醒他：“泰戈尔先生，您有什么东西落下了没有？”泰戈尔先生沉吟了片刻，说：“什么都没有，只有我的心……”

此时此刻，我最想把这句话送给即将奔赴考场的你们——什么都没有，只有我的心：一颗急切期盼你们凯旋的心！

第四辑

教育即心育

重点探讨学校教育以及班级教育如何改变孩子的观念，培养其良好的品格与能力。

改变观念，才能改变世界。教育者如何通过改变孩子的观念，来真正改变他的世界？让我们一同走进《教育即心育》。

教育即心育

「 1 」

今晚，在网络电视上观看了法国电影《放牛班的春天》，被深深地感动了。

《放牛班的春天》是 2004 年上映的一部法国音乐电影。近年来，虽然不断有人向我推荐这部电影，但由于种种原因，我总是与它擦肩而过，直到今天，在电影公映了多年之后，我才有幸走近它，品味它，与它一起隔空探讨关于教育的真谛。

1949 年的法国乡村，音乐家克莱门特·马修老师到了一间外号叫“池塘之底”的男子寄宿学校当助理教师。学校里的学生大部分都是难缠的问题儿童，体罚在这里司空见惯，学校的院长只顾自己的前途，崇尚“犯规—惩罚”的教育。

克莱门特·马修老师尝试重新创作音乐作品，组织合唱团，用音乐的方法来打开学生们封闭的心灵。正是用了这种方法，他改变了皮埃尔·莫安琦，改变了查贝特，改变了派皮诺，改变了许许多多的孩子，让孩子们逐渐抛弃了坏习惯，逐渐拥有了自信……

「 2 」

在我看来，克莱门特·马修老师之所以能改变这些“熊孩子”，是因为他掌握了教育者应有的三把钥匙。

第一把钥匙是“爱心”。“池塘之底”男子寄宿学校的孩子们不是普通的孩子，他们身上有各种各样的“问题”——有的抽烟，有的喝酒，有的孤僻，有的暴力，有的惯偷，有的甚至恶作剧将教工打进了医院。面对这帮“熊孩子”，克莱门特·马修老师没有气馁，没有埋怨，更没有知难而退，而是像爱自己的孩子一样爱每一名学生。即使在被学生高喊“光头”“秃子”的情况下，甚至自己的提包被孩子们“击鼓传花”，克莱门特·马修老师的心始终和孩子们走得最近，始终充满着爱意，弥漫着善意，这也是他最终赢得孩子们信任、尊重的主要原因。

第二把钥匙是“理想”。在学校院长拉齐的眼中，这帮孩子是无可救药的，因此，他对学生冷酷无情，常常挂在嘴边的就是“犯规—惩罚”，对犯错误的孩子，常常是关禁闭 10 天或者劳动半个月。克莱门特·马修老师并不认同拉齐的做法，即使屡次被恶作剧的学生为难，他依然坚守自己的音乐理想，坚守着自己的教育愿景，对这帮熊孩子充满了无限美好的期待，坚定地通过“合唱团”、通过音乐的桥梁，走进孩子们的心灵，与他们同呼吸、共命运，期待孩子们都能做优秀的自己。

第三把钥匙是“激励”。每个孩子都有不同的潜质，即使他是“熊孩子”。为了让孩子们远离坏习惯，培养好习惯，克莱门特·马修老师尝试通过音乐的方式改变孩子们。在他的合唱团的初选现场，有的孩子走调了，老师夸他是男中音，到左边去；有的孩子唱错了，老师夸他的高音区很好，到右边去。对其中一个实在不会唱歌的小男孩派皮诺，马修老师就让他做“合唱团的老师助理”……总而言之，马修老师采取各种各样的方式去发现孩子们的潜质，通过音乐的路径去对孩子们进行“夸张式”激励，通过“合唱团”让孩子们找回团队的核心价值。

「3」

克莱门特·马修老师为什么能改变这些孩子？仅仅是靠音乐的力量？或者是依靠团队价值的感召？

在我看来，马修老师的教育最成功的地方在于其从心出发，从改变孩子的内心出发。换言之，马修老师给我们的最大启示是：教育即心育。

明了教育即心育的道理，需要我们了解儿童的心。如果我们连孩子们想什么或者想的方向都一无所知的话，我们怎么能走进孩子的内心？一把钥匙开一把锁，开锁的前提是了解锁的构造，了解锁的特质，再来看看如何设计钥匙。学生的内心活动，总是会彰显在行动中，了解儿童的心，需要我们学会观察，观察孩子的举动及其彰显的内心世界。在观察的基础上，还要分析这些行动背后的东西：孩子的所需、所惑、所感、所盼……

明了教育即心育的道理，需要我们顺心而育。学校不是工厂，教育不是制造统一的产品，而应根据学生的不同特质，设计不同的教育路径。在电影中，当得知公爵夫人要来欣赏合唱团的演唱时，克莱门特·马修老师故意将皮埃尔·莫安琦晾在一边，而当唱到高潮需要领唱时，马修老师将鼓励的目光投向皮埃尔·莫安琦，本已悲伤的莫安琦重新燃起了希望，用其清亮的宛若天籁般的声线，与合唱团的朋友们向来宾们展示了完美融合的歌声。马修老师的成功实践，即使在应试教育大行其道的今天，也应该给我们带来深刻的启示：教育要对路，要从孩子的内心出发。

「 4 」

法国皇帝路易十六在国政上无所作为，也不喜欢读书，却醉心于锁的研发。后来在 1792 年的法国大革命中他被投进了监狱，因此对起义的市民、工人恨之入骨，一直认为他们是造就自己悲剧的“祸首”。在狱中，路易十六百无聊赖，有闲暇阅读了启蒙思想家伏尔泰、卢梭等人的著作，方才感叹道：“原来是伏尔泰和卢梭毁了法国。”他才明白，让法国走上革命道路的动力不完全是市民、工人，更多的是启蒙思想家的思想影响。这个案例隐含之义就是“改变观念就是改变世界”。

改变观念，就是改变世界，连封建帝王都能感悟到的基本道理，我们教育工作者更应该深谙其中的奥秘：改变一个孩子，首先要从改变其内心出发，这样才能真正改变他的世界。

「 5 」

看完《放牛班的春天》，有几个镜头始终在心间萦绕：

电影中有个叫蒙丹的孩子，因为学校院长的冤枉而被抓进了监狱，虽然他出镜的频率不高，但他那一副被扭曲的面庞，一种近乎绝望的目光，时时在提醒我们：教育要慎之又慎，要真正走进孩子的心田，否则，我们会在培养“坏孩子”的路上走得越来越远。

还有那个叫派皮诺的孩子，他是一个孤儿，父母在第二次世界大战中去世了，但他坚信自己的家人还在，每星期六都会到大门口等待父母……当马修老师离职的时候，派皮诺疯一般地跑向那奔驰的公交车，要和老师一起走……这个孩子的故事不也在提醒我们：爱生如爱子，马修老师做到了，而我们呢？

「6」

马修老师不是天使，他只不过是个矮矮的、秃顶的、平凡的音乐教师；马修老师不是圣人，他起初只不过是想到一所学校混口饭吃的代课教师……但他留给我们思考的，远远超出了那些所谓的名师、大师。

明朝思想家李贽曾说：“圣人不责人之必能，是以人人皆可以为圣。”虽然成为“圣人”不是我们的追求，但是，如果我们都能像马修老师那样，躬身于“教育即心育”的实践，也会达到李贽先生所讲的“是以人人皆可以为圣”。

想起了作家白落梅的一段话：“在这个光怪陆离的人间，没有谁可以将日子过得行云流水。但我始终相信，走过平湖烟雨，岁月山河，那些历尽劫数、尝遍百味的人，会更加生动而干净。时间永远是旁观者，所有的过程和结果，都需要我们自己承担。”

教育是不可逆的事业，既然“所有的过程和结果，都需要我们自己承担”，那么我们在教育过程中要时刻牢记陶行知先生的那几句话——“你的教鞭下有瓦特，你的冷眼中有牛顿，你的讥笑中有爱迪生。”

教育，即心育。

我们只有拥有更多的“人生宝贝”，才能去应对人生的每一次挑战。如何引导孩子拥有良好的品性？让我们一同走进《人生的宝贝》。

人生的宝贝

有一天，与2012届几位返乡的学生小聚。席间，一名王姓同学提及当年我给他们统一写的毕业留言，题目叫“人生的宝贝”。

过了两天，第一届学生（1994届）也举办聚会，他们希望当年任班主任的我也能到现场讲几句。其实，老师对每一届学生的希望都是美好的，所以，我偷懒了一回，就把送给2012届孩子们的留言赠给了1994届的学生，希望在学生们的心田里都能种下美好的梦想。

我祈盼他们都能美梦成真。梦想还是要有的，万一实现了呢？

附：《人生的宝贝——一名班主任的毕业留言》

小时候看《西游记》中“孙悟空大闹天宫”，那些神仙们的武器就是形形色色的“宝贝”，“宝贝”越多，战斗力越强，成功的可能性就越大。芸芸众生，有一些人似乎成功的概率更大些，因为他们拥有相对多一些的“人生宝贝”。

两年前，《我有一个梦想》曾寄寓了对你们的愿望。此时此刻，站在高考前的地平线上，我想给你们谈谈“人生的宝贝”。

知感恩，拥幸福。《本草纲目·禽部》记载：“慈乌：此鸟初生，母哺六十日，长则反哺六十日。”后来，这个记载演变成我们熟知的成语“乌鸦反哺”。《增广贤文》还记载说：“羊有跪乳之恩，鸦有反哺之义。”在我们的心目中，美国人性格似乎粗放不羁，却定每年11月第四个星期四为感恩节。我们国家虽然没有感恩节，但“谁言寸草心，报得三春晖”等诗句讲的就是要感恩。千万不要认为别人甚至你父母为你付出都是应该的，只有索取，没有回报，这不符合守恒定律。老师希望你们感恩一切曾帮助过你们的人，感恩世界上的一切美好，这样，你才可能拥有更多的真幸福。

明事理，识大局。事理，就是事物的道理。《管子·版法解》说：“慎观终始，审察事理。”这也是告诫我们要慎对事理，要有正确的态度。人与人之间、人与团队之间，难免有利益冲突的时候，也可能会遇到各种挑战与诱惑。在纷繁的人与事面前，老师希望你们莫固执己见，莫意气用事，始终站在正义的一边，从大局出发，从团队出发，向正确的方向前进。

敢担当，负责任。“人”字一撇一捺，寓意着相互支撑方为人。责任，不是你应该做的事情，而是你必须要做的事情，也就是担当。维克多·弗兰克曾说：“能够负责是人类存在最重要的本质。”著名学者余秋雨也说：“男性的第一魅力是责任感。”作为社会属性的人，都需要有一种敢于担当的责任感。缺乏这种责任感，你就会远离团队，远离担当。不负责任的人不仅走不远，甚至连生存都有可能存在问题。

能创新，与时进。早起的鸟儿有虫吃，但是大多数的鸟儿都要遵守正常的作息时间。西方文化不提倡花更多的时间去获取更大的成功，因为这破坏了“游戏规则”，但西方鼓励冒险和创新。出类拔萃的人往往不仅仅凭借勤奋，更多的是改变与创新。一招鲜，吃遍天。希望你们都能拥有创新的精神，不囿于课本，不囿于老师，不囿于传统，更不要囿于世俗，与时代潮流共舞。

多自律，会慎独。自律，指在没有人现场监督的情况下，通过自己要求自己，变被动为主动，自觉地遵循法度，拿它来约束自己的一言一行。罗曼·罗兰在《约翰·克利斯朵夫》一书开篇就写道：“英雄并非没有卑劣的情操，只不过他们没有被卑劣的情操所俘虏罢了。”一生中，你可能要面临许许多多的诱惑，这才是真正考验你的时候。

同舟渡，求共赢。自然界有这样一种现象：当一株植物单独生长时，显得矮小、单调，而与众多同类植物一起生长时，则根深叶茂，生机盎然。人们把植物界中这种相互影响、相互促进的现象，称之为“共生效应”。英国卡文迪许实验室从 1901 年至 1982 年先后出现了 25 位诺贝尔奖获得者，这便是“共生效应”一个杰出的典型。佛祖释迦牟尼考问他的弟子们：“一滴水怎样才能不干涸？”弟子们都回答不出。释迦牟尼说：“把它放到江、河、湖、海里去。”这个故事告诉我们，合作才是硬道理，共赢才有大发展，同舟共济方能走得更远。

会宽容，大胸怀。“世界上最宽阔的是海洋，比海洋更宽阔的是天空，比天空更宽阔的是人的胸怀。”这是法国著名文学家雨果的名句。其实，我们饶恕别人，不但给了别人机会，也取得了别人的信任和尊敬，我们也能够与他人和睦相处。海纳百川，有容乃大。孔子的学生子贡曾问孔子：“老师，有没有一个字，可以作为终身奉行的原则呢？”孔子说：“那大概就是‘恕’吧。”“恕”，用今天的话来讲，就是宽恕，也就是宽容。

守平和，看人生。不要偏激，不走极端。对这个世界始终坚守着一种平和的心态，平和意味着自信，平和意味着理性，平和意味着与人为善，平和意味着和谐。用平和的态度对待多彩的生活，用平实的语言表达深邃的思想，用平常的心理看待成败得失。

人非草木，孰能无情？在这即将离别的日子里，心情自然是复杂而忧伤的。老师期盼着你们能时时回想起我们一次次个性化的班会，回想起我们曾有的暗淡与辉煌，回想起我们失败后的泪水与成功后的喜悦，回想起我们一起种下的“感恩树”，回想起我们一同走过的风风雨雨……

如来佛正是拥有了更多的宝贝，才最终降服了孙悟空，恢复了天庭原有的秩序。古人曰“道不远人”，老师真诚地希望你们每时每刻都能坚守道德的高地，拥有更多的“人生宝贝”，去应对人生的每一次挑战。

践诺，一直是中华文化传统中的“亮色”。如何引导孩子做一个诚实的人，恪守诚信原则？让我们一同走进《永恒的契约》。

永恒的契约

「 1 」

近日，有幸拜读了王开岭先生的散文《当她十八岁的时候》。作家讲述了这样的故事：挪威少女达格妮是一位守林员的女儿，18 岁那年她中学毕业，在首都奥斯陆公园露天音乐会上，听到了音乐大师爱德华·格里格专为她创作的曲子。

原来，10 年前音乐大师曾在林中采风，偶遇小女孩，在一起玩耍了半日，并答应 10 年后会送孩子一件礼物。10 年过去了，达格妮长成了大姑娘，也早已忘记了那童年时的“风中的承诺”，但大师没有忘记，倾情创作了以“女孩子的幸福”为主题的曲子。

「 2 」

王开岭在文章的结尾说：“这是我所知道的，由音乐送出的最烂漫的花篮，最尊贵的成年礼。”

在王开岭看来，这名少女是幸福的、幸运的、充满感激的，因为她获得了音乐大师创作的名曲。可在我看来，达格妮感到最幸福的事，还应该包括爱德华·格里格通过音乐所传递出的“契约的魂”。

「 3 」

践诺，一直是中华文化传统中的“亮色”。刘向《新序·杂事卷七》记载了“季札挂剑”的故事：季札奉命出使中原各国，途经徐国时，见徐国国君非常喜欢自己的佩剑，就答应回国途中馈赠。可当他再回到徐国时，徐国国君已经死了。于是他解下宝剑，挂在徐国国君墓前的树上。

在浩如烟海的史书中，诸如此类的故事多如牛毛，无论故事如何演绎，其核心都是实践自己的诺言，只不过“季札挂剑”的案例特殊在其承诺的对象已经亡逝，即使季札不践诺也无可厚非，但季札的回答却斩钉截铁：“始吾心已许之，岂以死倍吾心哉！”

「4」

距离美国第十八任总统格兰特陵墓不到100米的地方还有一座小孩子的坟墓，这孩子不幸夭折于1797年，他的亲人在其身亡的地方修建了坟墓。后来因为孩子家境贫困，他的父母不得不出卖这块土地。但在出卖这块土地时，他对新主人提出要求：孩子的坟墓要永远保留在原地。新主人答应了，并将这个要求写进了契约。1897年，这块土地被选为格兰特将军的陵墓，而孩子的坟墓依然被完整地保留了下来，成了格兰特将军陵墓的邻居。

孩子夭亡，本是件极其悲伤的事情，但历经200多年风雨的孩子墓，却从一个侧面折射出人世间的温馨，那就是——把诺言看成“天大的事”。

「5」

冰冻三尺，非一日之寒。契约精神的缺失，虽然不是普遍现象，但其影响却带有普遍性。

培养契约精神，需要从娃娃抓起，学校可以开设类似的活动课程，让学生在活动中明了诚信的重要性。比如，我们可以让孩子们自己演绎《狼来了》的故事，让那个失信的男孩表现得极其无助，极其后悔……相信这样的活动课程，对演“失信的男孩”和演“狼”的同学以及观众，都应该是一次深刻的教育。

虽然《狼来了》的故事给我们诸多警示，但失信的现象并未绝迹，这给我们诸多反思：也许，是人们对《狼来了》的后果认识不清；也许，是我们缺少《狼来了》中小男孩的切肤之痛；也许，是我们平时失信的成本太低；也许，似乎有一种文化始终在我们背后起作用；也许，我们都缺少音乐大师爱德华·格里格的境界……

今天的孩子，就是明天的公民，倘若今天的孩子缺失了契约精神，这将为未来的诚信社会建设留下“阴影”。未雨绸缪，为了明天，为了下一代，加强学校的诚信教育刻不容缓。

「 6 」

前文中的达格妮在幸福地听完大师爱德华·格里格为自己创作的名曲后，在六月的大海边纵情地大笑，作家巴乌斯托夫斯基评价说：“有过这样笑声的人是不会丢失生命的！”

而我想，“不会丢失生命的”不是幸福的达格妮，因为人终有一死；而唯一永恒的，却是人世间的契约精神。

契约的魂，最美的魂，永远的魂。

梦想有多大，舞台就有多大。如何给孩子寄予美好的期许，让他们沿着你期待的方向前进？让我们一同走进《我有一个梦想》。

我有一个梦想

2011年9月1日，我有幸走上了高二班主任的舞台，在开始“舞蹈”之前，给同学们写了一篇文章。

1963年8月28日，美国著名的黑人民权运动领袖马丁·路德·金在林肯纪念堂前发表了《我有一个梦想》的演说。他的演说，给千百万在种族歧视中受煎熬的人们带来了希望，他的声音跨越了种族的鸿沟、政治的藩篱和人们思想的边界……

今天，我也想谈谈我的梦想。

我有一个梦想，你们都能情同手足。《易林·益之蒙》中说：“饮酒醉酣，跳起争斗，手足纷拏，伯伤仲僵。”讲的就是手足情。希望同学们真正把同学当作兄弟姐妹：一个人在生活中遇到了困难，他会看到全班同学援助的手；一个人在学习上产生了困惑，他会得到全班同学的有效引导；一个人取得了成功，他会看到全班同学赞许的目光。你们同欢乐，你们共忧愁，共同迎接生活和学习的挑战。

我有一个梦想，你们都能明了责任。北宋大儒张载有言：“为天地立心，为生民请命，为往圣继绝学，为万世开太平。”我企盼你们能像张载那样有强烈的社会责任感：对父母，你们要尽到一个做子女的责任，用勤奋学习报答养育之恩；对学校和班级，你们要尽到一个做学子的责任，用团结合作打造金牌团队；对同学，你们要尽到一个做同窗的责任，用互爱互助凝聚前行的力量；对国家和社会，你们要尽到一个做公民的责任，用责任和担当去真正践行“国家兴亡，匹夫有责”。

我有一个梦想，你们都能把学习作为第一追求。青春是一朵美丽的玫瑰，她应该开放在勤奋的原野；青春是一本激情的书籍，她应该追求知识的丰厚；青春是一艘远航的船舶，她应该航行在求知的大海上。生活中有许许多多的诱惑，学习中有很多很多的困惑，每一个理由，都有可能让你们放慢或者停下前行的脚步，此时此刻，请你们记住苏格拉底的一句话：“想左右天下的人，须先左右自己。”

我有一个梦想，你们都能成为一名“慎独”的人。《大学》中说：“此谓诚于中，形于外。故君子必慎独也。”慎独是一种理智，慎独是一种道德修养，慎独是一种高尚的境界。即使父母不在身边，你们也能严格自律，积极向上；即使老师不在班级，你们也能恪守班规，勤奋学习；即使值班老师走远，你们也能保持班级、宿舍静悄悄；即使没有人督导，你们也能时时刻刻遵守校纪班规。

我有一个梦想，你们都能成为一名“感恩”的人。“一粥一饭，当思来之不易；半丝半缕，恒念物力维艰。”如果你们能以感恩的心态面对一切，即使遭遇失败，人生也会变得异常精彩。期盼你们能感恩父母，把握住生命里的每一分钟；期盼你们能感恩老师，全力以赴心中的梦；期盼你们能感恩社会，恪守一名公民的责任。感恩能够增强个人的魅力，开启神奇的力量之门，发掘出无穷的智能。它是幸福的起点，更是奋进的源泉。

我有一个梦想，你们都能成为一名“自主”的人。希望你们在学习上能够自主，变“要我学”为“我要学”；在生活中能够自主，明了自己的责任，明了自己的任务，明了自己的方向，能用殷实的知识去铺设人生的道路，能以智慧的爱心去善待周围的人和事，能有自省理智的顽强意志去面对挫折和困难，成为一个心智健全、独立自主的人。

我有一个梦想，你们都能成为一名“幸福”的人。幸福就是一种愉悦的感觉，期盼你们因为帮助了别人，而感受到助人的幸福；因为你践行了责任，而感受到团队的幸福；因为你付出了辛劳，而感受到学习的幸福；因为你追求了理想，而感受到青春的幸福……

我的理想我的梦，期盼着每一天都能看到你们自信的双眸，每一天都能看到你们微笑的脸颊，每一天都能看到你们奋斗的背影，每一天都能看到你们小小的进步。在学校的每一天，不管是在朝霞的照耀下，还是在晚霞的余晖里，我都能看到你们依旧是一群乱翻书的孩子……

因为和你们在一起，因为与青春同行，我的梦想一定会实现。

当我们在用心“雕刻”教育对象的时候，孩子也会将这一切镌刻在心中。教育者如何成为孩子心中的“藏品”？让我们一同走进《把你藏心间已经好多年》。

把你藏心间已经好多年

「 1 」

永远忘不了那一年的冬天，漫天大雪，白皑皑的一片，不知路在何方。

期末考试结束的那一天下午，班主任吴明堂老师对我们说，下周一你们到校领取成绩单，同时把下学期的新课本领回去，由于教务处是上学期期末征订教材的，你们几个江苏籍来学校借读的同学就没有征订，教材在满足本地同学的前提下只剩下一套了，下周一你们谁先到学校，这一套课本就给谁。

谁知，我们回家的当天晚上就天降大雪，虽然我和父亲早早地起床，但由于暴雪盖路，我们只好步行前往 40 里之外的学校。

「 2 」

4 个多小时后，当我们气喘吁吁地来到学校，我们班的同学早就领着成绩单和课本回家了，吴老师正准备锁门下班。

当我走到吴老师面前的时候，自责、失望的情感涌上心头，泪水不听话地在脸上奔跑……

可吴老师并没有责怪我的意思，把成绩单递给我，说考得不错，利用寒假好好预习新课。听了吴老师的话，我更加难受，因为我根本无课本可看。

当我向吴老师辞行的时候，他从上了锁的办公桌里面取出了一套书给我，说虽然其他几位江苏籍同学来得都比你早，但我还是找教务主任多协调了一套书，对你有更高的期待。

「 3 」

同样是那一年的冬天，我们 7 名江苏籍的同学由于原来的学校没有开设过英语课，每次英语考试只能得十几分，所以就一起找到了当时的陈娟老师，请求她利用寒假为我们补英语，陈老师爽快地答应了。

那一年寒假，尽管大雪纷飞，尽管教室里没有任何的取暖设备，尽管我们一日三餐都是以凉饼充饥，但是，我们还是坚持了下来。

虽然寒假补课已经是30多年前的事，但许多情节至今依然历历在目：在课间，我们一起打雪仗，一起捕麻雀；在课上，我们在互相纠正读音，常常因为一个单词争论不休；在夜晚，为了抱团取暖，我们几个将凉床并到了一起，在一个“大床”上睡觉……当然，记忆里最深刻的还是陈老师那飘逸的红围巾，在雪地里是那么的鲜艳，给我们带来无尽的希望。

「4」

离开母校安徽省五河县弥陀寺中学已经30多年了，但上述两件事情一直刻在心间，而且随着时间的推移，似乎记忆也更加清晰。

某天，在观看了某个小品后，这种对恩师的思念之情似乎更浓了，特别是听了小品结尾时演员所唱的那首《写一首歌》时，泪水夺眶而出，这首歌让我再次想起了吴老师、陈老师——

转眼的时间划过一世的流年
一幕幕重现漫过海天
把你藏心间，已经许多年
只剩想念
回忆它好似一枚泛黄的书签
把回忆和现在隔成两页
模糊的字里行间
写满　怀念　怀念
写一首歌
只为这一切的未走远
推开眼，会看见的温暖
唱一首歌

只为这回眸的一瞬间

一眨眼　一步望　一擦肩……

「5」

吴老师、陈老师对学生的好，让为人师的我经常反思自己的教育，反思我们身边的教育：人的一生中少则会遇到几十名、多则上百名的老师，为什么留在学生心灵深处的老师总是寥若晨星呢？这其实涉及好教师的评价问题，即什么是好教师的问题。

评价教育及教师的主体很多，包括政府、教育主管部门、社会、学校以及学生。不同的主体，评价的标准不尽相同，评价的结果也会因人而异。但学生评价老师的标准，不仅仅是老师的教学水平高，不仅仅是老师的管理方法好，更多的是老师有没有在孩子发展的关键时刻给予必要的指导，有没有真正给孩子“那一盏灯”。

「6」

名教师不等于好教师，金杯银杯都不如学生的口碑。一名好教师，应体现在他能始终成为学生的精神领袖。

一个好教师，应好在他能在学生的心田里种下期待的菩提。教育更多的时候就是期待，期待学生学业有进步、体魄趋强健、品格能完善，学生就在我们美好的期待中不断完善自我，并逐渐超越自我，成为最好的自我。

「7」

希腊神话中皮格马利翁本是塞浦路斯的一位王子，他用象牙雕刻了一位美女，雕刻时倾注了全部感情和心血，雕成后每天爱不释手，深情凝望着它，终于有一天这个雕刻的美女活了。

其实，教育工作者和皮格马利翁的工作类似，也在用心“雕刻”每一名学生。“雕刻”时你得用心，而不是三心二意；“雕刻”时你得遵循原有的纹路，而不是千篇一律；“雕刻”时你得富有情感，而不仅仅是知识的传授；“雕刻”时你得尊重规律，而不是揠苗助长；“雕刻”时你得充满期待，希望他与众不同……

教育者也是“雕刻家”，当你在用心“雕刻”的时候，孩子也会将这一切镌刻在心中，未来的每一天，他会“把你藏心间已经好多年”。

如何引导孩子一心向善，引领他们善待自己、善待同窗、善待老师、善待父母？让我们一同走进《因为你的善良》。

因为你的善良

「 1 」

每逢招生季，来学校咨询的家长就特别多，有一位母亲让我备受感动。

昨天下午，一位母亲领着一个女孩走进了我的办公室，女孩的名字叫小静，成绩处于她所在初中的中等水平。

这位母亲虽然不到 40 岁，但脸上岁月的痕迹已经非常鲜明，鱼尾纹汇聚得比较多，看得出来，她历经了生活的磨砺。

从和这位母亲的交流中获悉：小静是对面学校的九年级学生，成绩排在全县前 1000 名左右。母女俩已经到几个公办高中咨询了，人家的回答是如果不把他们学校填报在第一志愿，即使中考分数达线了也不会录取。

「 2 」

这显然是对家长不负责任的误导。我反复给母女俩解释“平行志愿”的录取规则，即“考生之间，分数优先；考生自身，志愿占先”。根据这一规则，考生分数很重要，在分数优先的前提下，第一志愿很重要，第一志愿不录取，不影响第二、第三志愿录取。

母女俩听了我的解释，依然有点担心。她们起身告辞的时候，女孩走在前面，我送至门口。突然，母亲说：“小静，你先下去，我和周老师说句话。”

这位母亲返回我的办公室，又折回门外看了看，当确认小静已经下楼了，才含泪对我说：“周老师，实话告诉你，小静不是我亲生的，我还有个男孩子，但即使我的孩子没有好的学校上，我也想要让小静有好学校上……我们夫妻虽然都没有文化，但道理都懂，都一心期盼小静能上好学校。”小静妈妈的话让我瞬间震撼了，人世间关于大爱的故事很多，而我却第一次遇见。

「3」

在应试教育盛行的今天，我们该怎样思考教育的本真？小静妈妈所关爱的不是她的亲生女儿，但在关键时刻，她传承了人世间的大爱。

教育的本真是爱，爱的本真是善，换言之，教育就是关于爱的事业。作为教育工作者，如果我们都能拥有小静妈妈的情怀，那师生之间矛盾就会减少许多，学生被体罚的事也会少许多，我们的毕业生也就会更富责任感，更富人情味，会善待生活中的一切，会让善的种子生根、发芽、结果。

「4」

教育孩子拥有善心，应该是我们的天职。

要引导孩子善待自己。要善待自己的青春，把最美好的岁月献给读书事业，追求学业的进步，追求品格的完善，追求体魄的强健。要善待自己的生命，生命的诞生原本就是一种美好的机缘，一种美妙的巧合，一种自然的恩赐，每个生命都应庆幸相遇在这个丰富多彩的世界，每个生命都应尽情展现自己有限的精彩年华。

要引导孩子善待同窗。歌曲《同桌的你》将同学情演绎得非常感人，我们今天的同窗，应该像歌曲中写的那样："你总说毕业遥遥无期，转眼就各奔东西，谁遇到多愁善感的你，谁安慰爱哭的你……"善待同窗，就是要心中装着同窗，行动中关爱同窗，将团队的利益作为最高的准则。

要引导孩子善待老师。老师，是我们成长的引路人，是知识的传授者，他引领我们从懵懂顽童、无知少年，一步步走向成熟，成为对家庭、对社会有用的人。大爱无痕，大爱无疆，他们用高尚的人格感染孩子，用精湛的教艺吸引孩子，用广博的知识征服孩子。善待老师，就要尊重老师，认同老师，理解老师，关爱老师。

要引导孩子善待父母。是谁，在我们刚刚有生命迹象的时候就窃喜不已？是谁，教我们学会走路，为我们背上新书包？是谁，为了我们生活安逸而背井离乡去打工？是谁，想儿时一封家书千里写叮咛？善待父母，才能抛弃狭隘的自私，才能正视困顿挫折，才能昂首笑对一切仿佛难以逾越的困难际遇。

「 5 」

前文中小静的母亲临别前依然担心第一志愿考不上我们学校，第二志愿的学校会不录取她的孩子。

我对她说："你别担心，如果你填报我们学校第一志愿因未达线而未被录取，第二志愿的学校达线了，他们一定会录取你的孩子；如果他们不录取，我带你一起找教育局局长，保证孩子能被录取！"

小静的妈妈再次流泪，说："我们非亲非故，你对我孩子这样好，让我不知说什么好！"我说："我会对你的孩子负责到底，唯一的理由是：因为你的善良。"

青少年时期的孩子，宛若一条条没有航标的“季节河”。如何加强孩子的思想引导，引领他们宽容他人？让我们一同走进《偶尔走失，从未离开》。

偶尔走失，从未离开

「 1 」

近日，拜读了熊培云先生的《国家与玫瑰》，作者在文末说：“偶尔走失，从未离开，没有比生活更古老的过去，也没有比生活更高远的未来……”

作者谈的是生活，学校谈论更多的是学习。其实，生活和学习密不可分，学习和做人一脉相承。对于一个学生而言，学习很重要，做人同样重要。

「 2 」

2010 年的深秋，刚接手高二（2）班后不久，我随团到加拿大培训。就在我出国的半个月里，班中一名男同学迟到的频率加大。一次，班长主持“我们怎样看待迟到”的主题班会，这名男同学甚至当众和班长吵架，让主持班会课的班长下不了台，并到讲台上高谈阔论自己所谓的“理由”。

正当这名男同学口若悬河之时，一名瘦瘦弱弱的女生突然拍案而起说：“×××，请你下来！”紧接着，全班同学一起喊：“×××，请你下来！”

等我回到学校，才从学生的周记中知道了这件事，90% 以上的孩子都主张给这名男同学一个处分，有的甚至要求他转班。我们这个班自高二分科组建以来，大家似乎从来没有对某一问题这么高度一致过。

「 3 」

面对“民意”，我当然不能等闲视之，先是开班委会统一思想，又分别找那些“义愤填膺”的同学座谈。

更为重要的是我和这名男同学进行了一次深谈，他感觉到自己在班里没有了“市场”，甚至有退学的打算。我在分析他错误的基础上，坚定地表明了立场：

你是我们班不可或缺的一员。

在其后举行的“我爱我班”的主题班会上，我最后一个发言，我说：“我们都是一家人，我们要给每个人回头的机会。”我偷偷瞄了一眼 ××× 同学，他的眼角似乎湿润了。

我趁热打铁：“我们在学习或生活中，都可能犯错误。犯错误不要紧，关键是能认识到错误并改正错误。××× 同学所犯的错误，我们都可能犯。在我看来，××× 同学已经认识到自己的错误，他属于‘偶尔走失，从未离开’……”

「 4 」

这个教育案例告诉我们，好的教育，总是源自心灵的呼唤，自主教育的效果往往会超过他人的教育。

以上文的这名男同学为例，为了让他杜绝迟到以及心中无团队的坏毛病，早在出国前，我不知道找他谈了多少次话，他总是以各种理由搪塞我，“谈话法”收效甚微。

在他的心目中，偶尔迟到不算什么大毛病。他甚至认为，自己特别善辩，同学们都非常喜欢他，也会因此宽容他的缺点。

事实上，当他在讲台上和班长辩论的时候，他本以为会获得大家的掌声，可大家给予他的是齐声喊：“×××，请你下来！”

对这名男生教育起作用的，不是我的“苦口婆心”，不是我的“晓之以理”，不是我的“软硬兼施”，更多的效果是来自同学们对他的教育，让他认识到自己在班里没有了“市场”，自己没有“市场”的原因是由于行为的失范。那一刻，他也许会认识到：偶尔的迟到，并不是一件小事情，善辩也无法掩盖迟到的错误。

可见，我们教师应大胆地放手让学生学会自我管理：纪律让学生管，让他们研讨纪律要求，并根据大家研讨的标准去考核；优劣让学生评，学生看重的，往往不是老师的评价，而是同学的看法；大事让学生定，班级事务可以实行“一事一议”，教师少一些干预，少一些包办，也许会达到事半功倍的效果。

「5」

这个教育案例也告诉我们，要理性对待所谓的“民意”。

如果顺应全班同学的“民意”，我应该想办法让这名男同学转班，但这样，不仅仅害了这位同学，也害了我们——因为从此以后会让大家意识到：我们能用脚投票，我们可以将有不足的同学“开除”出我们的团队；少数服从多数，多数人的意见就一定是正确的。

其实不然。

当年，古雅典使用“陶片放逐法”来决定哪些人被流放。这种方法看似公平，但存在着严重的弊端：依此法作出的判决，在相当程度上取决于公民的情绪，而公民的情绪常常因受当时雅典一些政治家的鼓动而波动不定。

一些班主任常用所谓的“民意”来处罚学生，这和“陶片放逐法”的弊端一样，因为你无法确定情绪化背景下的投票是否是正确的。

看来，班级学生的“民意”也是需要引导的，即便是“季节河”也是需要有航标的。

「6」

这个教育案例还告诉我们，对待学生的错误，无论是同学，还是教师，都应该拥有一颗包容的心。

在温带大陆性气候带里，常常有一种河叫季节河，或称时令河：在丰水季节，形成水流，甚至洪水奔腾；而在枯水季节，河水断流，河床裸露。可见，在所有类型的河流中，季节河的变化最大。

青少年时期的孩子，宛若一条条没有航标的“季节河”，他们正处于心理逆反期，所以他们的思想容易发生大的变化。在这样的背景下，学生犯错误，是再正常不过的事。

面对学生的错误，我们都要有一颗平常心，让孩子们认识到，他们的错误是属于“偶尔走失”，但是“从未离开”，要期待他们理性地回归，期待他们一定会回到正确的轨道上。

还是这位男生，在高三开学的第一天，因为与父母闹矛盾，拿着准备交的学费离家出走了。父母打电话不接，发短信也不回，他们找了两天两夜无果，被迫求助于我。

我给该生发了这样一则短信:“此时此刻，孤苦伶仃的是你的父母;此时此刻，痛苦万分的是你的父母；此时此刻，悲观绝望的是你的父母；此时此刻，心如刀绞的是你的父母……他们是养育你的父母，都不是路人。”

短信发出不到 3 分钟，孩子从高铁上回了短信：“我知道了，尽快回。”

小时候，老家的村子没有电，唯有“藏蒙蒙”（捉迷藏）这样的游戏。有时也会迷失了路，但最终都会找到家。

儿时的记忆，以及男同学这件事让我明白，即使孩子犯了错误，也是“偶尔走失，从未离开”。

终究，他们都会回来的，关键在于我们有没有那一份期待的耐心。

走近了孩子，走进了心田，你的教育才会起作用。面对孩子的不足，我们如何多一些宽容，多一些理解，多一些办法？让我们一同走进《面对被上帝咬过的苹果》。

面对被上帝咬过的苹果

「1」

还在高二的时候，一名陈姓女生哭着来告诉我，一名男生在教室里骂她，我及时找到了那名男生。

男生没有回避，说的确有这么一回事，也爽快地承认了错误。不过，他一再强调，陈姓女生常常背后说他坏话，更让他接受不了的是该女生有许多不良的坏习惯：随地吐痰，看不起农村同学，好吃零食，不讲卫生……

我狠狠批评了这名男同学，让他主动找女同学道歉，并打印了一篇文章给他看：《我们都是上帝咬过的苹果》。

「2」

过了一段时间，那名女同学又来找我，说男同学又在骂她，几乎每天都会骂她，我很生气，再次约谈那名男同学，可男生说自从我批评他后再也没有骂过女生。

我也到班里调查了一下，孩子们都说，男生最近没有骂过那名女生，但是只要这名男生和同学们在一起说话，女生就以为是在骂她。

我一再向她解释，可是她还是常常来找我。直到有一天，女生的同桌来找我要求调座位，因为女生上课从来不听课，却拿剪刀剪自己的头发。我这才意识到，女生心理可能出了点问题。

我很快寻求学校的心理学老师帮助，让他对全班学生进行了一次心理测试。测试结果吓了我一跳，按照测试规则，测试得分在 180 分以上的学生心理都需要及时疏导，班中有 6 名同学得分在 200 分以上，最高的达到 260 分，换言之，这 6 名同学不同程度地存在着心理问题。

邻近班级班主任听说了这件事，也请心理教师到他们班级进行心理测试，他们通常的做法是：测试得分较高，心理问题比较严重的，让家长带回去治疗。

「3」

对这 6 名同学，我既没有大张旗鼓地显性介入，更没有听之任之，而是将交流、疏通的任务交给了班里的 5 位任课教师和学校的 2 名心理教师，我们一起想办法，一起探究疏通的办法，一起千方百计激励这些孩子走出心理阴影，减少顾虑，轻装前行。

在这 6 名学生中，那名常常找我的女生，情况似乎更严重一些。

在我的建议下，她家人带她到上海、南京一些城市看病，后来情况有所好转，在最后一学期坚持到学校上课。为了沟通感情，以防不测，我让她的同桌及好友经常和她在一起玩，尽量减缓她的压力。在高三那样紧张的日子里，这些同学付出了许多，我从内心感谢这些孩子们！

这名女生喜欢看散文，我投其所好，从网上买了很多散文集给她看，我们师生俩定期探讨这些散文各自的特点，正是我们师生间这样“零距离”的情感交流，才让她顺利度过了最紧张的高三时光。

2012 年的教师节，已经到外地上学的她，委托她家人给我送花。她在一次短信中告诉我，在大学，一些同学不和她交往，她再也没有高中时期那样和谐的学习生活环境了，为此，她很自卑，很彷徨。我说，我发一篇文章给你，题目是“我们都是上帝咬过的苹果”。

这个案例让我反思：面对学生的问题，作为教师和家长，到底该怎么办？

「4」

面对孩子的问题，教师或家长首先要学会宽容。

一个从未摔跤的人肯定不会走路，一个从未呛过水的人肯定不会游泳。在孩子的发展道路上，错误或者不足也是一笔不可或缺的财富。

当然，宽容不是对孩子的过错视而不见、置若罔闻，而是以一种平和的心态原谅对方当前的落后，并用发展的眼光相信孩子日后的优秀。

宽容本质上也是一种等待，因为从播种到收获，总得有一个过程，等待的结果或许暂时让人不够满意，甚至大失所望，但只要我们充分地相信他们，最终他们一定会非常优秀。

「5」

面对孩子的问题，教师或家长还要让其他孩子学会宽容。

上文所说的女生，常常无端指责男生骂她，其实是她心理发生了问题。在这样的情况下，我反复做男生的思想工作，让他不要在意女生的指责，并想尽办法与女生沟通，久而久之，他们成了好朋友，矛盾就自然消除了。

在一次班会课上，我曾举例说，为什么某品牌系列酒在全国畅销？因为其广告效应起到了一定的作用。当时，这一品牌酒的广告词宣传的是宽容的文化，对消费者的希望是“情怀比天空更博大，比海更高远”。

其实，广告词改编自法国著名作家雨果的名句：“世界上最宽阔的是海洋，比海洋宽阔的是天空，比天空更宽阔的是人的胸怀。”

「6」

面对孩子的问题，教师或者家长仅仅学会宽容或者让其他孩子学会宽容，是远远不够的，更为重要的，是建立与“问题孩子”的沟通渠道。

有了沟通渠道这座“桥”，师生之间的天堑才能变坦途，孩子才会向你敞开心扉，你也才能走进孩子的心田，和他一起面对人生的挑战。

其实，我们都是被上帝咬过的苹果，在缺点和问题面前，我们都应该学会宽容，学会面对，学会站在对方的视角上看问题。

走近了孩子，走进了孩子的心田，你的教育才会起作用。“我们都是被上帝咬过的苹果”，有了这种心态，我们才会多一些宽容，多一些理解，多一些办法，多一些温馨与尊重！

孩子在成长过程中会遇到形形色色难以逾越的“坎”，教育者如何引导孩子找到翻越的路径？让我们一同走进《捅破那层窗户纸》。

捅破那层窗户纸

大道至简。有时，成败就在一闪念，就在一个简单的举动上。

「 1 」

一些魔术爱好者会通过互联网，进行各种各样的所谓揭秘。其实，魔术行业是有严格的技术保密要求的，揭秘乃是魔术行业的大忌。

对于揭秘魔术的现象，江苏魔术俱乐部的方振勇并不赞同，他对记者说，魔术界当然也有“潜规则”，揭秘就等于砸了自己的饭碗。

方振勇解释道：“讲对了不行，今后就没法演这个节目了，同行之间都会遵守这个‘潜规则’；讲错了也不行，因为你在误导观众。大家猜来猜去倒也无伤大雅……因为魔术的本质就是为了让观众开动脑筋，启发智慧。”

有时候，魔术就是一层窗户纸，捅破它是件很容易的事，但是，行业规则不允许。可教育并不是这样。

「 2 」

全市高三摸底考试后，我找了所带班级中的 12 名“中档生”谈话，他们一般都在一本线下 10 分左右，最接近分数线的一个孩子只差了 0.5 分。

谈话分为两阶段，第一阶段是和孩子们逐一谈话，第二阶段是集中谈话。之所以采取两次谈话法，我是这样思考的：

在我看来，尽管这些孩子本次考试与模拟一本线擦肩而过，但是差距很小，稍加努力，就有可能迈过这道坎。

在我看来，尽管这些孩子每个人在学习态度、学习方法、学习基础等方面各有自己的不足和缺失，但一定有他们共有的问题。这也是我先各个突破，再集中谈话的原因。

「 3 」

谈话的过程也富有戏剧性。

第一个被喊出来谈话的是张同学，听说历史老师找她谈话，她见到我的第一句话就是“我的历史成绩已经达 A 了”。

我说：“我今天不和你谈历史学习的问题，重点想和你谈谈语数外学习，因为，江苏高考是按语数外总分划线的。这样，先让你做一道小学算术题，2.5 ÷ 3= ？”。

张同学很不解，说老师你为什么让我做这样一道算术题？我说，你先算算看。这孩子很快告诉我，2.5 ÷ 3=0.8333。

我说：“张同学，我之所以让你计算 2.5 ÷ 3，目的不是锻炼你的计算能力，很显然，用这么简单的小学算术，也培养不了你的计算能力。我只是想告诉你，这次全市模拟考试，你离一本分数线只有 2.5 分，平均到语数外三门学科上，每门只有 0.8333 分的差距。”

我进一步和张同学一起分析：一道数学填空题的分值是 5 分，一道语文填空题的分值是 3 分，一道英语选择题的分值也是 3 分……换言之，只要你在语数外三门学科中多做对一道题，你都会越过你梦寐以求的一本线。

我问张同学：“你对这道数学题记忆深刻吗？”她说：“当然。”我又问张同学：“下次冲击一本分数线，你有信心吗？”

张同学说：“当然有，因为每门课只有 0.8333 分的距离。”我说：“你有信心那就好，让我们就从你的信心开始谈起……”

「 4 」

谈话需要谈出“自信”。一名学生与一本分数线差 15 分，这已经是很大的差距，因为 15 分之内全校至少有 200 人，想越过 200 人脱颖而出，这本身就是难以做到的事情。但如果除以 3，每门课只有 5 分的距离，其实就是一道题的距离，孩子就会“知易而进”，觉得很容易实现这一目标。

谈话需要谈出“问题”。通过前期的逐一谈话，我基本上摸清了这些孩子在学习方面存在的共性问题：他们几乎不问老师题目，有的孩子从开学到现在，一道题目也没有问过老师；他们上课几乎不主动回答老师的问题，学习缺乏主动性；他们很少合作研究考试方向，离“研究型”备考的要求还有距离……

谈话需要谈出“药方”。谈话的目的是帮助学生找到“病根”，再进一步开出“药方”，“病根”找到了，“药方”也找到了，孩子的改变就是指日可待的事了。比如，针对他们不主动问老师问题这个“问题”，我开出的“药方”是：每人每天至少问语数外老师一个问题，并记录到“问题本”上，10 天后统一交给我看看。记得当时我还引用了下面的故事：

著名的哲学家罗素曾问穆尔：“谁是您最好的学生？”穆尔毫不犹豫地回答：“维特根斯坦。”“为什么？”“因为，在我的所有学生中，只有他一个人在听我的课时，老是流露出迷茫的神色，老是有一大堆问题……”后来维特根斯坦的名气超过了罗素。有一次，有人问维特根斯坦：“罗素为什么落伍了？”他回答说：“因为他没有问题了。”

「 5 」

孩子在成长过程中，会遇到形形色色的“坎”，有的“坎”的确难以突破，有的“坎”却只是形式上的“坎”，可能只是因为孩子们认识上存在误区，换言之，有的坎其实就是“一层窗户纸”。

捅破窗户纸似乎很简单，但是，这需要老师、家长能够找到那层窗户纸，如果我们帮助孩子找到了，其实就找到了改变的路径。

有了路，自然就会四通八达。

人与人之间，推倒了围墙，就架设了桥梁。在教育过程中，如何搭建孩子与孩子、孩子与老师之间的桥梁？让我们一同走进《教育也需要“搭桥”手术》。

教育也需要“搭桥”手术

「 1 」

几天前，老母亲突感胸痛不已，妹婿带她到中心医院进行了心电图项目的检查，一名许姓医生看了心电图的检查结果，建议立即住院治疗。

可母亲考虑到自己的身体一直还可以，就说先开点药吃，看效果再说。

两天后，效果依然不佳，不得不再次到中心医院。一位高姓主任医生说，这需要通过“心脏造影”检查，来最终判断是否要做“心脏搭桥”手术。

这是我第一次接触“心脏搭桥”的概念。高医生告诉我，“心脏搭桥”就是在冠状动脉狭窄的近端和远端之间建立一条通道，使血液绕过狭窄部位而到达远端，改善心肌血液供应。

这让我联想到，教育过程中问题多多，交流梗阻的现象很多，有时候也需要“搭桥”手术。

「 2 」

15 年前，我在实验中学做班主任的时候，班中有一名女生，每月缴伙食费的时候，我总是左催右催，她常常为 100 多元的伙食费犯难。可通过同学了解，这个孩子的家庭虽然是农村的，但家庭条件尚可，不像那种拿不出伙食费的家庭。

后来，我找了这个孩子谈心，她吞吞吐吐告诉我，她每次要钱的时候，父亲总是非常不高兴，常常因为她索要伙食费导致父母吵架。原来，她父亲有重男轻女的思想，她还有一个小弟弟，在他父亲的心目中，女孩子最终是人家的人，读书没有用处。

我问女生：“那你恨爸爸吗？”她说：“我只是怕他，很少跟他说话。”“那你为他做过什么事情没有？”我又问她，她说：“几乎没有。”

我说：“这周回家，你还像往常一样，依然什么话也不要说，我建议你吃饭的时候先端一杯水给父亲，晚上临睡前再打一盆洗脚水给他。”

这个孩子周日晚回到学校第一时间告诉我，她平生第一次看到父亲主动让母亲多给她些费用，说孩子大了，在县城读书不易。说着说着，这个孩子眼泪流下来了，鞠了一躬说：“老师，谢谢您。”

「 3 」

教育是一个复杂的过程，是慢的艺术，是爱的旅程，需要交流沟通的地方很多很多。尤其是班主任，作为班级的精神领袖，需要搭的“桥”还很多。

班主任，需要搭建学生与科任教师之间的“桥梁”。

亲其师，而信其道。班主任需要引导学生尊敬老师、相信老师、亲近老师，才能提升教与学、教与育的绩效。一般情况下，科任教师在班时间较短，与学生交流时间相对较少，对学生了解相对也较少。在这样的情况下，班主任可以通过问卷调查、个别访谈的方式，了解学生所需、所感、所忧，了解教师教学的优势与劣势，并且将所了解的情况及时反馈给科任教师。

另一方面，班主任也需要引导教师在工作中做到严慈有度，能主动了解学情，主动接近学生，主动帮助学生。尤其对班中那些少数对教师有意见或误解的学生，教师要有正确的考量，虚心接受学生的批评，要能把学生的批评看成资源，能把学生指出的不足看成自己的努力方向。

如果师生双方都能主动去沟通，去适应对方，鸿沟就会越来越少，教学绩效也会越来越高，这在一定程度上有赖于班主任搭建的“桥梁”。

「 4 」

班主任，需要搭建学生与家长之间的“桥梁”。

有观点认为，如果想教育好学生，首先要教育好家长。这个观点的意思是，教育要在培训、引导好家长上下功夫，这将有利于学生的教育。一个问题学生的背后，往往就是一个问题家庭。而问题家庭，对学校教育的负面影响又是巨大的，它会让我们的许多教育“失灵”。在这样的情况下，搭建学生与家长之间的联系之桥，才会让“天堑”变“坦途”。

搭建学生与家长之间的桥，需要引导他们学会相互理解，子女要理解父母的辛苦和良苦用心，家长也要理解孩子特定时期的心理特点；需要引导他们学会相互尊重，孩子要尊重父母的意见，家长也要尊重孩子的想法，既不能百依百顺，也不可以唯我独尊。

从孩子的视角看，要能更多地从出发点去思考父母的看法，而不是一概否定；从父母的角度看，不可以要求孩子事事顺应自己，不能把孩子看成是自己的“宠物”，不能事事包办。在孩子面前，我们要能成为“公关部长”“气象局长”和“后勤处长”，能蹲下身子看孩子，对孩子充满无限美好的期待。

「5」

在由南京专家参与的“心脏造影”检查后，高医生告诉我，母亲心脏血管状态很好，不需要“搭桥”手术，他还解释说，心脏的冠状动脉，其实本就是一座桥，是一座保障心脏正常工作的“天桥”。

是啊，桥的功能更多是沟通与保障。世间的桥，千奇百怪，功能多多，但我们往往看到一个共同的现象，那就是：桥多了，路也就多了。

2017年高考语文江苏卷的作文题是关于“车”的，其实，世间最重要的不是车，而是路与桥，如果孩子是车，我们要给他们铺设更多的桥，更多的路，让他们走得更远……

人生无不处在恩情的天宇下。如何引导孩子回报父母的养育之恩、老师的培育之恩、同学的帮助之恩、同伴的协助之恩？让我们一同走进《莫学老木匠》。

莫学老木匠

「 1 」

有个木匠在建筑行业干了很多年，但随着年龄的增加，越来越想念自己的妻子和儿女。于是，有一天他向老板辞别。

这个老木匠为老板工作了很多年，建造了许多惊世的杰作，老板舍不得他走，但木匠离意已决，老板犹豫了半天说："在你离开之前，最后再帮我建一座房子吧！"老木匠勉强答应了。

房子建设开工了，可是老木匠再也没有以前的干劲了，总是心神不宁。工友们都明白，老木匠的心已不在房子的建造上了，他对木料再也不精挑细选，干活再也不是精益求精了。

房子最后建好了，老木匠再次向老板辞别，这次老板爽快地答应了，并且拿出刚建好的房子的钥匙说："你跟了我这么多年，帮我建造了很多房子，我无以回报，就把你亲手建造的房子送给你吧！"

老木匠顿时傻眼了，他羞愧万分，这座房子是他一生中干得最不用心的一件活。

「 2 」

老木匠的故事让我想到了几年前一名石姓学生。

那时候，班里有一名李姓女生，虽然家庭条件十分好，但家庭关系很不和谐，这孩子几乎每天都要和爸爸吵一次，其父母实在找不到什么好办法，只好求助于我。

老实说，对付"顽童"，尤其是女生，往往是我们班主任十分头疼的事，虽然我一再劝导李姓女生，但收效甚微。直到有一次，我给她看了石同学写给爸爸的信。

记得那是期中考试后，我让全班同学每人给父母写一封信，要求必须亲自写，不得用电脑打印，并且说：“你们的信，我将亲自寄给你们的父母。”

孩子们的信基本上是认真写的，许多信深深地打动了我，尤其是这篇石同学写给父亲的信。

「3」

石同学在信中对父亲说：“事业的失败和母亲的离去，使您的人生跌到了最低谷，您曾对我说：‘你是我活下去的唯一希望。’”

石同学还深情地回忆了其童年的一件往事：“有一年冬天，您在县城打工，忙了一整天，拖着疲惫的身躯回到了出租屋，很快就进入了梦乡。在梦中，你突然听到我说了一声‘爸，我病了’，就立刻惊醒。您马上起床，骑着破自行车飞一般地奔向30千米外的老家，飞奔向正寄养在大伯家的我……您半夜赶到大伯家，摸了摸我的头，的确是滚烫滚烫的。您的泪水打湿了我的脸，不断地说要带着我一起去打工……”

石同学在信的结尾处写道：“有一天晚上，身无分文的您回到了出租屋，借着窗外的月光，在饭桌上胡乱地找到了一小口凉饼的渣渣，吹了吹，喝着凉水咽下肚……这一情景，已经刻在我心头许多年。我只有一个心愿，不管我将来身处何地，不管我从事何种职业，我都会带着您一起去远行，就像您当年带着我一起去打工那样……”

当我把这封信拿给李同学看了之后，向来刚强的她呜咽了起来……不久，李同学的妈妈发短信给我：“不知你采取了什么办法，让我们家李×变得如此乖巧，变得如此理解父母。感谢老师。”

「4」

上述的案例涉及了三个人物：老木匠、石同学、李同学。三个案例，无一不在启示我们，要引导孩子莫学老木匠，要学会感恩。

2004年，某地一中学大约30名学生由于家庭缘故，无法完成学业。巫老板听到这个消息后，义无反顾地出资 10 万元来帮助这些学生，让他们顺利完成了学业，有的还进入了高等学府继续深造，但却没有一个被捐助的学生给他发个感谢信息，这让巫老板非常寒心。

巫先生所遇到的并不是个案，而是应该引起我们警觉的社会问题——感恩问题。在我们的身边，一些同学常常对来自别人的帮助，认为是理所当然，习以为常；有的同学对老师经年累月的付出不知感恩，却会因为老师一句批评而耿耿于怀；有的同学对父母的辛勤付出不知感恩，却对家人的悉心呵护感到厌烦……这些现象的背后，其实都是感恩心的缺失。

面对这样的窘境，我们常常自问：今天的学生怎么了？今天的教育怎么了？

「 5 」

感恩，是中国的传统美德。诗文中处处都有感恩的影子，“谁言寸草心，报得三春晖”，讲的是要感恩父母，回报父母的养育之恩；“谁知盘中餐，粒粒皆辛苦”，讲的是要感恩农人的劳动；“涓滴之恩，当以涌泉相报”，“投我以木桃，报之以琼瑶”，讲的是要感恩他人的帮助。

「 6 」

我们要引导孩子，学会感恩。

人生在世，时时处处都处在恩情的天宇下：父母的养育之恩，老师的培育之恩，同学的帮助之恩，同伴的协助之恩……多一种“恩情”，就意味着我们多一种帮助，她会让我们走得更远，飞得更高。

既然我们都生活在恩情的磁场中，就应该学会感恩，因为你每失去一个“磁场”，就意味着你失去了一种帮助。

就像上文中老木匠的案例，老板知道感恩，职员却不知道回报，住在粗制滥造的房子里可能是老木匠应有的下场。

「 7 」

忘恩，就意味着负义；忘恩，就意味着忘了来路；忘恩，就意味着忘了初心。不忘初心，就是心存感恩。

没有了既往，哪有什么未来？老木匠是注定走不远的，因为他不知感恩是何物。其实，我们每个人一生都在建造着房子，为别人，也在为自己。

教育，要引导孩子学会感恩。如何引导孩子感恩老师、感恩母校？如何搭建孩子与学校之间的交流平台？让我们一同走进《给孩子们一个永恒的“念想”》。

给孩子们一个永恒的“念想”

「 1 」

教书的日子越久，毕业的学生就越多，参加毕业生聚会的次数也就会更多。

越是逢年过节，学生聚会越多。学生聚会的形式大多雷同，或忆中学时光，或忆恩师教诲，或忆纯真友谊，或忆难忘初恋……

参加学生聚会多了，就感到聚会的缺失：在孩子们的回忆里，总是缺少他们共有的指向，或者说，他们的记忆深处缺乏共有的“念想”。没有这样共同的“念想”，同学聚会似乎匮乏了灵魂，总是空荡荡的，没有了应有的温馨。

「 2 」

2012 年 3 月，我们高三（28）班的孩子们即将面临高考的检验，面临人生的抉择。

毕业前夕，往往是矛盾的高发期，少数学生抱怨父母给予他们的压力过大，总是唠唠叨叨；少数学生抱怨老师总是分数分数，很少关注他们的内心感受；少数学生对前途很消极，对未知的明天充满着莫名的忧伤。

在我看来，备考再紧张，学生的思想引领都不可松懈，为此，我们召开了“感恩的心”主题班会，引导孩子们感恩学校、感恩家长、感恩社会，成为一个感恩的人。

我还说，千万不要认为别人包括父母为你付出都是应该的，只有索取，没有回报，这不符合守恒定律。老师希望你们感恩一切曾帮助过你们的人，感恩世界上的一切美好，这样，你们才可能拥有更多的真幸福。

「 3 」

在那次“感恩的心”主题班会上，我提议同学们共同为即将告别的母校栽一棵树，让我们未来都有一个念想。

当我询问孩子们要栽什么树时，他们竟异口同声地说“山楂树”。

原来，电影《山楂树之恋》当时正在全国热映，看来，孩子们在紧张的备考之余，还通过各种途径“偷看”过这部电影。

孩子们的异口同声，并没有征服我。

我说，虽然你们要栽山楂树，但山楂树毕竟是果树，主干相对矮小，放在校园里不合适，但即使是这样，如果你们一定要栽，那必须满足我一个条件：你们中间如果有人能背出男主人公一句经典的台词，那我就依了你们，栽山楂树。

全班哑然。

而我却富有感情地背出了男主人公老三的台词，他对女主人公静秋说：“我不能等你一年零一个月了，我也不能等你到二十五岁了，但是我会等你一辈子……”

「4」

2012 年 3 月中旬，我在一名家长的帮助下，从洪泽农场移植了一棵楝树，栽在校园一角，并命名曰“感恩树”。

在栽树的那个黄昏，我对孩子们说：“你们即将离开校园，你们植下的‘感恩树’将激励一代代的洪中人，感恩母校，感恩社会。有一天，你们的学弟学妹们也会效仿你们，泗洪中学的校园将绿色满园，爱心满园。”

正当我为自己的高明之处自鸣得意之时，有一天，教数学的包老师对我说：“周老师，同学们都在 QQ 群里夸你呢，说周老师还是非常了解我们心思的，给我们栽了一棵‘早恋树’……”

原来，楝树由于其果实像青色的枣子，在我们当地又叫楝枣树，被孩子倒过来读变成了“枣楝树”（早恋树）。哈哈，真有意思。

「5」

2012 年的时候，本科达线率还没有今天这么高，尤其是文科班本科达线率则更低，许多孩子有了些消极的想法。

针对许多学生对未来的消极态度，我模仿电影《建党伟业》的片尾曲《有一天》创作了班歌《有一天》，请4名兼报音乐的学生演唱，并在天津师大读编导专业的一名学生帮助下制作了MV，链接在班级的学生QQ群里——

总有一天，你眼神不再迷茫/那分明是理想，散芬芳/总有一天，父母安心梦乡/在故乡的怀里，轻轻晃/我的同窗，再不忧伤/我的同窗，充满着阳光/留一片云，当作我们的念想/我扬帆起航，追梦远方……

我只想要，快乐伴你身旁/那隐约是青春，在守望/我只想要，成功在你身上/在前行的路上，铸辉煌/我的同窗，再不迷惘/我的同窗，追逐着梦想/留一片云，当作我们的念想/我扬帆起航，追梦远方/我扬帆起航，一路阳光……

视频在班级播放的时候，三年来我们活动的图片及视频在歌声中从我们眼前滑过，许多孩子眼角湿润了，他们即将走出“没有航标的季节河”，离开母校走向人生的大海。此时此刻，所有的祝福，都是希望他们不再感伤，扬帆起航，追梦远方。

这个视频的名字是一名陈姓女孩起的，很有诗意，叫“无法复制的纯真年代”。

「6」

一晃多年过去了，参加2012年高考的孩子们，现在有的就业了，有的考上了研究生，他们每逢过年，都会三五人小聚一次。

在小聚的时候，都会说起那棵树，唱起那首歌，都会到那棵树下看一看，走一走，拍拍照。

而我，一名留守校园的老师，也常常会到树下走走。每当看到那楝树淡紫色的小花，就会联想到孩子们在学校里“争奇斗艳”的模样；每当看到那青色的小枣子，就会联想到孩子们已经初步结出了人生果实；每当看到楝树的枝枝叶叶，就会联想到孩子们在迎着春光成长……

「7」

一棵树，一首歌，让孩子们有了念想，无论他们在天涯海角，都会记起：他们曾经在校园的角落栽过一棵树，唱过一首歌。

“楝”和“恋”是同音，期待着这棵树成为他们永远的“念想”，他们永远“恋”着母校，“恋”着那“无法复制的纯真年代”……

温室里的花朵怎能抵御未来社会的风风雨雨？学校教育如何为孩子提供真实的社会环境？让我们一同走进《童话里都是骗人的》。

童话里都是骗人的

「 1 」

一首《童话》，让多少有过类似经历的人泪水涟涟：“你哭着对我说，童话里都是骗人的……我愿变成童话里你爱的那个天使，张开双手变成翅膀守护你。”

这首歌也让我联想到：教育应该给学生营造真实的社会环境，因为，我们将来无法变成天使去保护每一名学生。

「 2 」

前不久，《人民日报》发表了《“老师不敢批评学生”谁之过？》一文，在教师中产生了很大反响，文章认为：“‘师者，所以传道受业解惑也’，学生做得不对，老师自然要批评，假若是非不分，如何称之为‘教育’呢？”

纵观全文，大概从“老师不敢批评学生”产生的原因、影响两个维度去分析，没有从更深远的视角去剖析“老师不敢批评学生”的危害。

在我看来，教育的功用不应仅仅停留在传道、授业、解惑等传统的要求上，还应着眼于培养孩子一生成长应具备的基本的素质，包括为他们提供真实的社会环境。

「 3 」

先看两个案例。

先说案例一。2012 届班里有一名李姓男生，几乎每天早自习都迟到，而且其迟到的理由也是多种多样的：车子半路坏了，闹钟定时错了，父母忘记提醒了……每次被班主任堵在门口，他也表现得十分内疚，表示下一次不会再迟到了，还说可以写保证书。可保证书写了一份又一份，他迟到的频率依然没有减少的趋势。

再说案例二。学校几位同仁一起到上海学习，晚间想请几位校友小聚，于是就分头打电话。很快，大部分校友基本上联系好了，唯有一名在上海某汽车公司财务中心的黄姓校友迟迟没有接电话。一开始我们认为她可能工作比较忙，或者是因为我们电话都是外地的。后来，我们用酒店的电话拨过去，依然没有人接听，直到晚上我们聚会开始的时候，才接到她的回电。原来她所在的公司有规定，不允许职工在上班期间使用移动电话，如果使用固定电话，那也必须是业务电话，否则，一旦发现违规使用电话，将给予纪律处分。所以，他们公司员工，电话一律静音，放在包里。

「4」

上述的两个案例，看起来毫无联系，其实，都涉及社会环境问题。从案例一看，如果班主任不对男生进行必要的惩戒，他将来如果到了类似案例二所说的公司，极有可能因不适应公司的规定而被公司处罚甚至开除。

换言之，由于我们学校或者班主任没有给学生提供真正的社会环境，学生生活或学习的“惯性”就会带到未来的生活或工作中，当他们发现真正的社会与学校所提供的环境有巨大差异的时候，悔之已晚！

2013 年，北京邮电大学一名毕业生给校长方滨兴留言，说：“老师，过去你们对我们太好了，我以为社会上都是这样子。工作后我做了甲方，没想到乙方居然敢跟我拍桌子瞪眼。你们为何不早些告诉我社会是这个样子的呢？”

「5」

看来，我们不可以给学生提供一个虚假的社会环境，当他们违反班纪校规的时候，应该及时给予适度的“惩戒”，让他们从小就有规则意识、守时意识、敬畏意识。如果我们现在还停留在教师是否有“惩戒权”的争议上，那么，我们的教育等于给孩子们打造一个社会上并不存在的“温室”。试问，温室里的花朵怎能抵御未来社会的风风雨雨？等于给孩子们建设一个社会上根本不存在的“真空”，习惯于在真空里生活的孩子，将来如何去抵御未来世界的种种“病毒”？

教育不可给学生营造一个虚拟的环境。面对学生的错误或者过失，教师有责任行使“惩戒权”，让他们承担应该承担的责任！

「6」

一个没有“惩戒权”的学校，等于在给孩子造一个世间根本不存在的“童话世界”。学生身处“童话世界”的危害，不仅仅在于教育已经失去其应有的本真，还在于培养了可能无法适应未来社会的人。

看来，童话里都是骗人的。

到底谁才是学习的主人？考不上理想大学，到底是学生的“眼泪在飞”，还是老师的“眼泪在飞”？让我们一同走进《谁的眼泪在飞》。

谁的眼泪在飞

「 1 」

《庄子·秋水》中记载着这样一段话：“庄子与惠子游于濠梁之上。庄子曰：‘儵鱼出游从容，是鱼之乐也。’惠子曰：‘子非鱼，安知鱼之乐？’庄子曰：‘子非我，安知我不知鱼之乐？’”

这本是一个哲学案例，但如果从教育的视角看，我们教师的确不能代替学生学习，更不能代替学生感受痛苦与快乐。换言之，学习是学生自己的事，代替不得，更包办不得。

「 2 」

说到底，教育就应该是促进学生在良好的条件下自然、和谐、自由发展的过程。正如诗人特奥多尔·冯塔内所描述的那样，教育“旨在努力为毫无依靠的幼树提供一根拐杖”。拐杖的作用，不是代替人走路，而是帮助人更好、更稳地走路。

近年来，一些学校倡导高效课堂，目的不仅仅是提高课堂绩效，也不仅仅是提高所谓“应试教育”的质量，更多的是在课堂教学中创造一种生命的存在，让学生真正成为学习的主人、合作的主人、探究的主人、展示的主人和发展的主人。

「 3 」

知识的获取，是一个自我感悟、自我实践、自我建构的过程，外在的帮助，可以加速这一过程，却无法代替这一过程。

高效课堂应该重“自主”与“体验”。“自主体验”就意味着，凡是学生有能力解决的问题，教师不要代劳；就是将解决问题的主动权抛给学生、讨论的自主权交给学生、学习时间还给学生，学生从此“翻身得解放”；就是让学生自己涉海、爬山、越野，让他们体悟到弄潮的本领、攀登的诀窍、越野的秘诀。在学生体验过程中，教师的角色应该是“导演”或者“配角”。

「 4 」

同伴互助、情感交流、思维碰撞，也是自我感悟、自我实践、自我建构的过程。合作，会让孩子少走一些弯路，会在思维碰撞中逐步明了知识的内在逻辑，会“真理越辩越明”；而探究，不仅仅是知识自我建构的路径，更是走向高品质学习的必由之路。

高效课堂应该重“合作”与“探究”。在“包讲”的课堂里，即使也有所谓的“自主学习”，但其学习基本上表现为“家庭联产承包责任制”，学生个体为“单干户”，至于如何让“田野”高产，学生相互不知晓。有时候，学生已经会了，老师还在“喋喋不休”，厌学情绪会在课堂弥漫。更为可怕的是，学生的问题得不到及时、高效的解决，产生了“滚雪球”效应。

「 5 」

思维的发展需要一定的动力，同时，思维总是有欠缺的地方，需要及时地补充、完善与升级。因此，提高课堂绩效的重要路径之一，就是让孩子充满探究的动力，点燃孩子积极展示的激情。

高效课堂重“驱动”与“展示”。通过情境驱动，让学生有一种迫切体验的冲动，自然地去学；通过任务驱动，让学生有一种达成目标的驱动，自觉地去学；通过团队驱动，让学生有一种为集体奉献的冲动，自主地去学。三个“驱动”，都指向学生的踊跃展示，在展示中互动，在互动中完善，在完善中提升。“一燕不成春”，踊跃展示不应成为少数孩子的“专利”，“孤鸟”现象应该从良好的课堂生态中消失。

「 6 」

“包讲”课堂的危害在于：你可以包讲知识，但无法调控学生知识学习的尺度；你可以让学生学会知识，但无法真正意义上让学生会学知识；你可以尽情地展示你的能力，但无法让学生有效提升自己的能力；你可以包办一切，却无法代替学生走进考场。

对至今依旧迷恋低效课堂的人们，我们不禁要问：到底教师是学习的主人，还是学生是学习的主人？将来走进考场答题的，到底是学生还是教师？考不上理想的大学，到底是学生的“眼泪在飞”，还是老师的“眼泪在飞”？

当然，并不可一味地否定传统课堂，传承千年的以讲授为主的私塾教育也曾造就了数以万计的社会精英，但这不能成为我们固守“包办”的理由，因为时代在变化，教育也应与时俱进。

「 7 」

教育的目的是让学生活出生命，活出尊严，活得快乐，活得舒展。课堂也是这样。“一方水土养育一方人”，优秀的课堂生态，才能培养更多的优秀人才。走出低效课堂的迷思，才会迎接“高效课堂”美好的晴空。

看来，人的成长是不可以包办的，家长不可以包办孩子的生活，教师更不可包办学生的学习。当我们捧着书本走向课堂的时候，我们的耳畔应该响起《谁的眼泪在飞》：“满天，都是谁的眼泪在飞，哪一颗是我流过的泪？”

既然学生的学习教师无法替代，那教师就应学会放手。

放手也是一种爱！

第五辑

孩子，你是我的脸

探讨如何通过赏识教育，
培养孩子的团队意识、责任意识、感恩意识、宽容意识。

重要的不是我
而是我们

教育，需要引导孩子有荣辱意识和团队精神。如何增强学生的规则意识、团队意识和集体精神？让我们一同走进《孩子，你是我的脸》。

孩子，你是我的脸

「 1 」

某年 5 月的一天，高二的期中考试正在进行中，我收到了年级主任的短信："你班 ××× 同学在考试中，由于夹带资料被监考老师发现，不仅不反思错误，还在考场上和监考老师争吵，造成极坏影响，请班主任通知家长明天到校！"

看到短信，我心中火气陡增，好在考试尚未结束，有一定的缓冲时间，脑中在思考着如何妥善处理这个个性极强、向来不服输的女孩子。

「 2 」

考试一结束，这个女生就被带到我办公室，开始的时候一个劲地哭，似乎很委屈。当我说已经询问了同考场的同学情况后，她不再哭了，因为她知道我不会相信她的一面之词。

她只是反复强调，只是无意中将资料带进了考场，放在凳子上坐，没有查看资料。

她还说，她是一个女生，监考老师动作太大，从她屁股下面拽那些资料，让她一时接受不了……

毫无疑问，我严厉地批评了她，还把年级主任的要求告诉她。她又一次哭了，说她母亲很辛苦，在家带年幼的弟弟，爸爸是一个司机，起早贪黑，如果接到班主任的电话或短信，开车也不会安心的。

「 3 」

我一直在劝说她，回家叫父母，她态度很坚决：不可以。

我说，既然你体谅父母的难处，就不应该将资料带进考场，更不应该顶撞老师，造成这么大的影响。不过，话又说回来，你犯错误，我也有责任，昨天的考务会上，我对考试纪律强调少了一些。

说着，我拨通了那位监考老师的电话："我们班 ××× 同学考试时带进了复习资料，作为班主任，我也是有责任的，我把我们班的学生都看成我的孩子，每一名孩子都是我的脸，明天上午第一节课我带着她一起向您道歉……"听到这里，这位同学轻轻说了声"谢谢老师"。

「 4 」

第二天，我尚未到学校，××× 同学就独自一人到监考老师那儿道了歉。

事后，她还给我写了一封长信，在信中说："如果今天把家长叫来，以我的性格，我的一生就会被毁了。但您没有这样做，而是让我和您一起去向老师道歉，您的处理方法恰恰改变了我一生。"

她还说："当我看到您的背影时，多想给您跪下呀，多想叫您一声'爸爸'呀……您是第一个让我有这种感动的'父亲'，可我不是个'好女儿'……还有一个多星期，我就十七岁了，那会是我人生的一个真正重要的转折点。我要把所有的缺点都装进时光的信封，让它们成为尘封的记忆，不会再放纵自己。"

「 5 」

这段教育往事已经过去多年了。

每当我在讲座上与同仁们分享这个教育案例的时候，总是有人问我：周老师，这个学生明显违反了学校的规定，你的行为算不算"护短"啊？

我的解释是：这个孩子参加的只是学校组织的期中考试，虽然带资料进入考场违反了学校的规定，也不符合高考的标准要求。但是，她只是无意中将学习资料带进了考场，并且在考试过程中没有作弊行为，且监考老师的行为在一定程度上也欠周全，毕竟孩子已经大了。所以，我的处理方式不是"护短"，也不是"心太软"，而是基本尊重了事实。

当然，在处理这件事情上，还有一个很重要的因素，那就是这个孩子的性格。如果我们立即按年级主任的要求去做，可能会给这个孩子带来极其严重的负面影响。

教育需要对路，教育孩子就像我们穿鞋子——天下没有最好的鞋子，只有是否合脚的鞋子；天下没有最好的教育方式，适合的才是最好的。

「 6 」

去年过年的时候，这个孩子来学校看我，再次提到了当年那件事。

她说："当时您给监考老师打电话，说要和我一起去给她道歉的那一刻，我才真正明白自己错了，此前，我一直认为我有理。因为老师您要去道歉，说明我真的错了，而且错误很大，要不然，您为什么愿意去道歉呢？"

我知道，当时哪怕我和她说再多的道理，在那样的情境下，她可能也不会认识到自己的错，而一次谈话，让她瞬间意识到自己错了。

「 7 」

江苏教育报刊社的仇玉坤社长有一次采访我，在探究这个案例的时候，他一直想问我为什么会选择和孩子一起去道歉。

其实，在我做班主任的那两年里，我常常会对班里的同学说："你们都是我的脸！希望你们的言行，都能代表高三（28）班，都能时时刻刻代表我，希望你们都能成为我的形象代言人！"

正是出于这样的考虑，我把全班同学的言行举止都看成是自己的一部分，他们的错，我也有份儿，因为，学生是老师的影子，老师是学生的镜子。

直到今天，当我问起已经毕业的孩子们现在工作的情况时，他们往往会说："老师，您放心，我们都是您的脸！"

世界上本无“差生”，即使有暂时的落后，他最迫切需要的是阳光。我们如何去发现、开发、激励更多的孩子迎头赶上？让我们一同走进《该为谁鼓掌》。

该为谁鼓掌

「 1 」

一个多月前，一名高二学生的家长找到我，说他家的孩子痴迷于电脑、手机、电视、游戏，实在无药可救，学习成绩一路下滑，最近一次考试全班倒数第一，年级后 10 名。

看着焦急万分的家长，看着无计可施的班主任，我答应和这孩子聊一聊。

记得在一个华灯初上的傍晚，这名男孩如约而至。

经过我几次催促，男孩才肯在我对面的椅子上坐下，孩子的眼神里流露出青春期特有的叛逆，不想听所谓的说教。而我们的交流，就是在这样尴尬的情境中开始的。

「 2 」

老实说，每次与孩子谈话，我都是事先认真准备的。

我专门设计了与学生谈话的问卷，列举了 23 个容易影响学生学习提升的因素，无非是玩手机、看小说、打游戏、早恋、家庭因素……

一般情况下，我会与即将谈话的孩子的班主任先沟通，了解他的基本情况，尤其关注影响他学习的因素。

然后，我会在一张粉红色 A4 纸的正反面打印相同的内容，并在其中一面上勾出所了解到的影响谈话对象学习进步的主要因素。

当我和学生谈话时，我会让孩子在 A4 纸上先勾一下自己成绩暂时落后的原因，等他勾完了，我再让他看 A4 纸的另一面。

由于我事先做足了功课，孩子所确定的影响学习的因素与背面我所勾的几乎一致，他往往会非常惊诧地说，老师您怎么这么了解我？

找到了“病根”，开处方就相对容易，更何况，当孩子看到了A4纸背面的“√”，他已经非常佩服我了，谈话会变得非常轻松，非常自然，这些孩子会自然而然地与我交心……

「3」

但这次面对的陈同学却十分特殊。

当我让他在粉红色的A4纸上“影响你学习的主要因素”上打“√”的时候，他看了一眼，说：“我知道我成绩不断下降的原因，但我不想说，也不想打钩，可以吗？”

我说：“当然可以，那难道你没有改变现状的愿望吗？”

他说：“改变现状的想法当然有，可是，我已经连续两次在班里考倒数第一，还有赶上的希望吗？即使找到了让我改变的办法，估计也是无济于事了……”

我说：“这也许就是你不愿查找原因的原因，其实，你不去试一下，你怎么知道会‘无济于事’呢？更何况，你现在是班里最后一名，不需要担心名次会下降，你努力的结果无非是两个：上升或保持，换句话说，你至少有50%的上升的可能。”

临行时，我送了一本书给他，在书的扉页上写道：“期待着你的精彩。”

「4」

昨天，期中考试结束了，班主任第一时间将陈同学的成绩发给了我。这次这个孩子成绩进步很大，由原来全年级1365名上升到本次的1118名，在班里由倒数第一名上升到第35名。

当我再一次和他见面时，那种“叛逆的神色”荡然无存，满脸的自信，一股脑儿地把影响学习成绩的因素都罗列出来，并表示，下次还会给我更多的“惊喜”。

我非常开心，又送了一本王开岭的散文集给他，在扉页上写道：“你抵御诱惑的能力有多强，你成功的可能性就会有多大。”

「5」

其实，在期中考试前一个月，我分别与三个高一、高二的学生谈话，巧得很，这次期中考试，三个孩子都有不同程度的进步，家长很高兴，我也很开心。

这三个孩子，在同学、家长、老师的眼中，或许是“熊孩子”，或许是“差生”，但在我看来，差异本身就是资源，就是东山再起的基础。三个孩子的故事让我对“该为谁鼓掌”这个话题有了新的认识。

该为差异鼓掌。在一个班级中，学生的成绩有好有坏，学生的基础也有厚有薄，有的在数学上有天赋，有的在作文上有特长，有的善于交流，有的……总之，每一个孩子都是一个小宇宙，都是一个小太阳。作为教师和家长，不应该用一把尺子去衡量，不该把差异看成“洪水猛兽”，而应该鼓励孩子有自己的特长，有自己的爱好，并想方设法让他们的爱好变成真正的特长。试想一下，如果每一个所谓的“差生”的特长都能得以彰显，那他会更有自信地去学好文化。教育从来就不是直线方程，教育的魅力在于“曲径通幽”，在于“条条大路通罗马”，在于我们帮助孩子找到那条“最近的路”。

该为变化鼓掌。谈话的这三名孩子，一个孩子进步了 12 个名次，一个孩子进步了 26 个名次，一个孩子进步了 247 个名次。其实，变化不在于大小，而在于其变化的方向。换言之，只要他的变化是正向变化，我们就该鼓励这种变化。孩子的变化得到了我们及时的鼓励，他们才会有更多可喜的变化。在这个世界上，变化是永远的不变，但人世间没有什么比正向变化更难能可贵，更何况这些正向变化发生在所谓的“差生”群体中。为此，我们期待着家长，期待着老师，都能像鲁迅先生所说的那样，在孩子的成长过程中，做一个“见了这样竞技者而肃然不笑的看客”。

该为坚持鼓掌。这三个孩子，尤其是那位曾经连续两次考班里倒数第一的孩子，在我的鼓励下，他没有放弃，而是逆势而上，这种坚持的精神值得我们鼓励与欢呼。这和鲁迅先生所说的“虽然落后而仍非跑至终点不止的竞技者”是一样的，他跑在了最后，他看到的大多是“异样的眼神”，但他依然坚持跑向终点，这种精神的确令我们动容。成功的路注定充满着艰辛，“无限风光在险峰”，如果没有坚持的力量，孩子很难走向更高的“山峰”，因此，需要我们时时为他们的坚持鼓掌。

「6」

世界上本无“差生”，即使有暂时的落后者，他最迫切需要的是阳光，“给一点阳光，他就会灿烂”。所谓的“差生”群体，他们是最容易发生正向变化的群体，他们蕴藏着极大的能量，等着我们去发现，等着我们去开发，等着我们给予温馨的阳光。

我期待着教育者都能经常对孩子说“你的信心将救你”，并时时为他们的些许变化鼓掌，永远做一个“肃然不笑的看客”。

记住，你的教鞭下有瓦特，你的冷眼里有牛顿，你的讥笑中有爱迪生……鼓掌，是一种善，更是一种美。

教育者如何锤炼师德、修炼教艺？如何成为学生心目中永恒的偶像？让我们一同走进《为什么眼里常含泪水》。

为什么眼里常含泪水

「 1 」

有一天，突然从邻近市的一所中学传来不幸的消息：一位多年的好友，一位数学界的传奇——罗会元老师，在这初冬的日子里陨落了。

他的校长在微信里这样评价他：家校猝失负栋柱，桃李难闻提耳音。

的确，在家中，他是不可或缺的柱子；在学校，在高三数学组，他同样是柱子。此时此刻，柱子倾倒，让人难以接受，尤其是罗老师曾经教过的学生。

在“你好淮中”的微信公众号里，我们看到了孩子们含泪的文字……

「 2 」

“当我对自己的数学失去信心时，是罗老师对我妈说：这个孩子特别优秀，一定要好好培养。后来的一次数学考试，我一下变成强化班第二名。”

“每次他的课前，他就会在黑板上写题号和学号，喊人上黑板答题，大家都心照不宣地躲到厕所；几次考试后他会一个个找人谈话，语气真的很温柔很温柔……有一天晚上下着雪，老师走的时候特意到教室里跟我们说，回家的时候小心路滑，那个时候很紧张的心情立刻就暖和起来。”

“高三每天虽然没有早读，他还是早早地来陪我们；每次晚上值日完走在空空荡荡的校园里，还会遇上老罗，他总是那么热情认真，总是担心我们有问题时找不到人解决。”

“有一天晚上，罗老师与我和另一个同学一直谈到十一点多，聊最近的状态，然后写一张小卡片让我们带走……高考考数学那天，他紧握我的双手，告诉我好好考，别紧张……毕业后去找他，我们班大多数人发生的大多数事他都记得清清楚楚，教学以及培养学生已经成了他的精神信仰。”

「3」

每当看到上面的文字，我的眼里总是噙满泪水，而记忆中的罗老师好像又走到我的面前，真的不敢相信他已经离开了我们……

他是我所遇见的最棒的数学教师，初次见面，就为他的朴素所打动，一件普通的黑色呢子外套，一双平底布鞋，一副市面上常见的眼镜，平凡得就像老家的红高粱……

说他牛，是因为他每次来给我们孩子讲课，总是空手而至，没有讲稿，没有讲义，没有练习，所有的题目都在头脑里，让人不可思议。

说他牛，是因为他涟水的乡音很重，字写得也不算规范，即使在这样的情况下，参加听课的学生和老师都无比地崇拜他，他的数学课能在极短的时间里征服每一名听众。

说他牛，是因为他不会 QQ 聊天，不会玩微信，不会打游戏，甚至不会发短信，不会使用智能手机，却对高考数学的备考走向一清二楚，对社会形势的分析不弱于任何一位政治教员。

说他牛，还因为他高尚的人品。每次付讲课酬金时，他总是反复推让，露出知识分子特有的羞涩，在这个物欲横流的社会，这种羞涩感是何等难得和珍贵！我经手的付劳务薪酬的情形很多很多，罗老师却是独一无二的——因为他的羞涩。

「4」

看到孩子们在"淮中吧"的留言后，我才深知，罗老师最牛的不是数学，不是高考的辉煌，而是对学校、对学生的浓浓的爱……

是谁，在孩子近乎绝望的时候对家长说"这个孩子特别优秀，一定要好好培养"？

是谁，面对一批不想到黑板上做题却偷偷躲进厕所里的"熊孩子"时"语气真的很温柔很温柔"？

是谁，让在校园里雪地上骑车的孩子们"那个时候很紧张的心情立刻就暖和起来"？

是谁，“每次晚上值日完走在空空荡荡的校园里，还会遇上老罗……总是担心我们有问题时找不到人解决”？

又是谁，“教学以及培养学生已经成了他的精神信仰”？

无怪乎，一名在美国求学的学生在纪念文章中写道：“在夜梦里，我蓦然回到了高三晚自习，老罗依旧潇洒地旋进教室。他一言不发，自编的题目信手拈来，歪歪斜斜的板书，洋洋洒洒写了一黑板。他停下笔用一贯锐利的目光扫了我们一眼，酷酷地反手扔掉粉笔，转身出门，身影慢慢融进了无边的夜色……当年的夜色因为有老罗的陪伴，我虽然疲惫，但是内心总有小小的火把在支撑。”

「5」

常常听到身边的同事说，现在的孩子不知道感恩，我也深有同感。但读了老罗的学生们写给他的文字，我忽然觉得“同感”有点尴尬。我在反思，学生的“不感恩”源头在哪里？难道与我们的教育者一点关系也没有吗？

孩子们感恩罗老师，首先是因为他高超的教艺。他上课，没有讲稿，空手能将题目和答案逐一道来，如数家珍，他的脑海，就是题海，就是浩瀚无边的“数学太平洋”。而反观我们，有几个人能达到他的境界？有几个人能将教学变成“自己的信仰”？有的教师让他手写教案都被冠以“形式主义”，让他和学生一起参加解题大赛都被骂成是“瞎折腾”，在这样的心态下，在这样的环境中，我们的教艺如何能提高？让学生感恩我们，让学生佩服我们，首先就要拥有像罗老师一样的高超教艺。

孩子们感恩罗老师，还因为他高尚的师德。学生犯错误了，罗老师没有大发雷霆，没有立即电话通知家长，而只是在考试后和几个“熊孩子”谈谈话，并且“语气真的很温柔很温柔”。在寒冷的冬天，在没有晚自习的夜晚，他依然滞留办公室，为的就是提醒孩子下雪天骑车要慢一点，让孩子们“那个时候很紧张的心情立刻就暖和起来”……而反观我们，动辄在教室里发火，动辄叫家长……上次几个 1994 届的学生在一起聚餐，一名学生姗姗来迟，我问他为什么这么晚，他说：“我的孩子这次成绩退步了，被班主任训斥了两个多小时。”看着他沮丧的表情，我举起的酒杯在空中骤停，不知怎么安慰他才好，因为我毕竟也是老师。

孩子们感恩罗老师，还因为他敬业的精神。他的敬业，不仅仅表现在对数学的痴迷，还表现在他对教学艺术的钻研，他总是想方设法将艰深的数学简单化、生活化。一名学生回忆起他教等差数列时的情景：“你看，在那古老的石窟里，老和尚、小和尚，头在一条直线上……化简时，您会很兴奋地说一句：‘我们来给它减（jiang）个肥。’……做题目时一道接一道，兴致勃勃中您会来一句：‘美酒加咖啡，一杯又一杯。’……”即使在学生走进考场前，你也会紧紧握住孩子的手，说“好好考，别紧张”。

……

面对你，我才知道，有些学生之所以不感恩，问题往往不在学生，而在于我们，在于我们敬业、爱生、教艺、师德等方面与罗老师相比有着巨大的差距。

春秋时鲁国大夫叔孙豹称“立德”“立功”“立言”为“三不朽”，而教师之“不朽”的，就是“立人”，培养学生是我们的天职。

「 6 」

在“淮中吧”里，有的学生把你比作“火把”，有的学生把你比作“星星”，有的学生在致你的信的结尾写道：“生命之脆弱易逝莫过于此，造化之无常弄人莫过于此，唯悲与痛刻心扉……”

面对你的遗照，我知道，从此后再也无法在行政楼下看到你的影子，再也无法在教学楼前与你依依话别，再以无法听到你那浓浓的涟水乡音……

面对你的遗照，我知道，我们纪念你最好的方式就是善待每一名学生，善待每一次备课，善待每一个早晨，把教学变成自己的信仰，让自己成为学生的“火把”……

面对你的遗照，我眼里噙满泪水，我不知道用怎样的文字去表达自己，我只知道，天堂里没有高考，天堂里没有数学……

教育者如何善待孩子、宽容孩子，给孩子一次修正自我的机会？让我们一同走进《给孩子一次回头的机会》。

给孩子一次回头的机会

「1」

开学初，学校在教学楼里开设了 2 间学生诚信超市，这个超市无人售货，完全由学生会经营：进货、摆货、确定价格、盘货……

创办学生诚信超市的目的，在于能给学生一个体验经营的机会，更重要的是在于给孩子营造一个体验诚信、体验尊重的环境。诚信超市里的墙面上贴着这样的欢迎词：

亲们，没有诚信的人，如同一颗飘浮在空中的尘埃，永远不会有厚重的品行与修养，永远不会拥有内心深处的踏实和宁静。跋涉在漫长的人生路上，谁不踏踏实实留下诚信的足印，谁就将永远走不出渺小与狭隘的怪圈。让我们诚实面对自己，守住内心的一份坚持，从自己做起，从现在做起，交出一份合格的诚信答卷。

在诚信超市运营的第 3 天，学生会的同学前来报告说少了一本书。我说没什么，学生既然喜欢书，就让他拿去看吧。

「2」

在下周一的升旗仪式上，学生处的负责人做了关于诚信的广播讲话。

没想到，当天晚上，学生会的同学前来报告说，学生拿去的书又被送回了原处，并留有一张字条在里面。

这个孩子写道：“我原本想在当天还书，但书被同学借去了，所以迟了一天，我很抱歉。因为我的贪念，给学校造成了损失和这种恶劣的影响，很抱歉，请你们相信，我先付 15 元，等下个月我再补上 100 元，很抱歉，真的很抱歉……”

在这不到 100 个字的字条里，孩子连续用了 4 个“很抱歉”，并且主动将钱夹在书本里，还表示下个月再补上 100 元，以弥补自己的过失。其实，这本书定价仅仅是 25 元。这件事让我想到了另一个案例。

「 3 」

晚间，当我回家谈起这个案例的时候，爱人对我说，在“十一”假期，她班布置了少量语文家庭作业，通过微信群告诉家长要督促孩子按时完成。“十一”假期即将结束的时候，少数家长居然把孩子因没有按时完成作业而被训斥的照片发到了群里。

谈到这件事情，爱人很是不解，在她看来，即使孩子没有及时完成作业，也没有必要通过这种方式惩罚孩子。更何况，在微信群里公布孩子被训斥的照片，这本身就侵犯了孩子的隐私，伤害了孩子的自尊，虽然也可能会给孩子一定的“震慑”作用，但也会让有些孩子此后自暴自弃，变得更加无所顾忌。

作为家长，作为教师，我们为什么不能给孩子一次回头的机会呢？

「 4 」

给孩子一次回头的机会，需要我们学会等待。

万物生长皆有其自身的规律，冬小麦的生长期为 230~270 天，花生的生长期一般为 130~150 天，玉米的生长期一般为 90~100 天……庄稼的生长尚且需要一定的天数，尚且需要假以时日，我们凭什么要求孩子能在极短的时间内改正错误？

以案例一为例，那个将诚信超市的书偷偷带出来的孩子，也许是因为当时身上没有钱，也许是因为太喜欢那本书了……或许当他听了学生处主任的广播讲话之后，或许当他听了同学们的议论之后，也或许当他从书中看到某个案例之后，他幡然悔悟，毅然归还书籍，并赔偿了书款，表达了歉意。

如果我们换一番情景，让保卫处去调取诚信超市四周的监控，经过一段时间的调查，也许很快就能锁定这个拿书的孩子，再给他一个处分。就学校而言，我们严格按照学生管理制度办事，看上去没有什么过错，但对于这个孩子而言，他的人生轨迹极有可能因此改变——这仅仅因为我们没有给孩子一次回头的机会！

等待，不是纵容错误，不是消极管理，而是对孩子的充分信任，对孩子的美好期许，更是对教育规律的充分尊重。

「5」

给孩子一次回头的机会，需要我们学会宽容。

在教育的旅程中，宽容是一种智慧。就案例一而言，正是我们全体师生的宽容，让那位男同学认识到自己的错误，从而走上了正确的航向。

什么是宽容？“宽”乃“宽大”，有气量；“容”乃“包容”，不计较。作为一名教师或家长，宽容不仅仅是一种仁慈和关爱，更是一种信任和激励。我们要多从孩子的角度看问题，也许许多复杂的事情将变得简单；我们要多理解孩子的难处，也许处理事情时将显得更加公允；我们要多包容孩子的缺点，也许更有利于去发现他们的特长。

「6」

在孩子的发展道路上，错误也是一笔不可或缺的财富，过失有时就是一座富矿。

在孩子犯错误时，我们要有成熟的心态，理性地对待，应该以一种平和的心态原谅对方当前的落后，并用发展的眼光相信学生日后的优秀。

从某种意义上讲，教育的本质就是一种等待，因为从播种到收获，总有一个过程，等待的过程或许暂时让人不够满意，甚至大失所望，但只要我们充分地相信他们，最终他们一定会变得非常优秀！

面对绿色的田野，我们都能静待草长，静待花开，静待果香；面对孩子们灿烂的笑容，我们更应该多给他们一次回头的机会！

因为，多给孩子一次回头的机会，就等于多给我们自己一次机会，多给教育一次机会。

一些看似不起眼的事物，都可能导致最终的失败。教育者如何引导孩子关注细节，从小事做起？让我们一同走进《清除鞋子里的沙粒》。

清除鞋子里的沙粒

「 1 」

高三摸底考试刚过，我想找几个成绩下滑的孩子聊一聊。班主任告诉我，小冉同学最近状态不佳，早读课总是睡眼蒙眬，似乎每天晚上都熬夜，希望我和她交流一下。

也许是因为我已经不再担任（7）班历史课务的缘故，小冉同学没有和我绕弯子，很明确地告诉我："其实自高二开始，每天晚自习回到家，我都要看一小时的视频，主要是益智类节目。"

我问她："在高三如此紧张的学习环境下，为什么每天晚上还要看节目到深夜？她这样回答我："高三学习太紧张，我想通过看视频来缓解一下自己的疲劳。"

我说："你这样做，已经影响第二天的学习，毕竟课堂是主阵地，你丢失了课堂，从某种意义上说，你就等于丢掉了学习的全部。"

她不以为然地说："这仅仅是小事，应该不会有什么大影响，更何况，我们班许多同学都有手机，包括那些成绩优异的同学。"她是想告诉我，通过手机观看视频，仅仅是小事，不会影响学习，那些成绩好的同学就是明证。

我把和孩子沟通的事也与其家长在电话中交流了，家长表示，这毕竟是小事，不宜干涉太多。

这个孩子的案例让我联想到另一件事。

「 2 」

1986 年 1 月 28 日，"挑战者"号航天飞机在升空后不久发生爆炸，7 名机组人员全部遇难。

"挑战者"号发射时，美国 19 岁的太空迷杰弗里・奥尔特用家用录像机拍摄下可怕的空难瞬间。为了观看“挑战者”号发射，奥尔特专门跑到佛罗里达州的肯尼迪航天发射中心，并特意买了一台 Super 8 家用录像机，决定将壮观的发射景象记录下来。

据杰弗里·奥尔特回忆：人们在还没有发射前就陷入兴奋之中，等待激动人心的时刻到来。“挑战者”号点火后，人们开始评论发射，言语中难掩兴奋之情。一名男子说：“太棒了，真酷！”

兴奋的人们没有想到的是，“挑战者”号在发射 73 秒后发生爆炸。奥尔特说：“当时，我一心希望能够看到让自己永生难忘的景象。我确实看到了，但并不是我喜欢看到的景象。”录像中，“挑战者”号发生爆炸，当时地面上的一些观众还没有意识到发生了什么，一名妇女甚至说“太美了”。

事后查明，“挑战者”号航天飞机发射失利，仅仅是因为发射时气温过低，发射台上已经结冰，造成固定右副燃料舱的 O 形环硬化失效。

「3」

两个案例，都在说明同样的道理，一些看似不起眼的事物，都可能导致最终的失败。这就像鞋子里的沙子，虽然很微小，但足以影响我们前进的步伐。

清除鞋子里的沙粒，需要我们充分认识“沙粒”的危害性。

近日，在微信上看到这样一则故事：

一天，一位老师特意指导几名学生仔细观察身边的三株植物：第一株植物是刚刚冒出土的幼苗；第二株算得上是挺拔的小树苗了；第三株已然枝叶茂盛，已经是一棵大树了。

老师指着幼苗对一名学生说：“请你把它拔起来。”学生用手指很轻松地拔出了幼苗。“现在，请拔出第二株植物。”这名学生略加力量，便将树苗连根拔起。“好了，现在，请你拔出第三株植物。”学生抬头看了看高高耸立的大树，摇了摇头。老师叹了一口气说：“你的举动正好告诉你，习惯的影响力是多么巨大啊！”

沙粒就像是故事中的那三株植物一样，在幼苗时期很容易被拔除或清除，而随着时间的推移，愈加难以根除。习惯在这种由“幼苗”长成“巨树”的过程中，被重复的次数越多，也就越难以改变。

「4」

清除鞋子里的沙粒，需要我们学会坚持。我这里说的“坚持”，就是要坚决摒弃坏习惯，并在不断的坚持中去形成好习惯。

案例一中的小冉同学，她一直在坚持不良的习惯，这习惯导致她每天睡眠不足，影响上课，成绩自然直线下降。更为可怕的是，她对这种坏习惯不以为然，明明上瘾了，且已严重影响学习了，她仍不认为有什么不妥。

乌申斯基说：“良好的习惯是人在某种神经系统中存在的道德资本，这资本不断增值，而人在其整个一生中享受着它的利息。”此言道出了良好道德习惯的养成对一个人的成长极为重要。

1988 年记者们采访参加聚会的诺贝尔奖获得者，一位白发苍苍的获奖者说，铸就成功的习惯，诸如“把自己的东西分一半给小伙伴们”“不是自己的东西不要”“东西放整齐”“吃饭前要洗手”等，都是在幼儿园养成的。

我们每个人只有一个童年，不可能再回到童年时代，所以，培养好习惯只能从当下做起，从细节做起，一点点积累，去形成良好的思维和行为定式。“千里之行，始于足下。”在日常生活中，诸如见到垃圾随手捡起来，在校园内轻声慢步地行走，见到老师主动行礼问好，学习用品摆放整齐，坐立姿势端正，作业书写规范……这些看似平平常常的行为，正是良好习惯建立的关键所在。

「5」

千里大堤，即使是惊涛拍岸，可能都无法动摇其毫厘；然而小小的蝼蚁侵蚀，日积月累，大堤最终溃决。千年古树，雷击山崩可能都不毁其生命，但是小小的甲虫却能通过咬破树皮，吃空树干，而致其在瞬间倒下……

在孩子的成长过程中，他们鞋子里的沙粒，正像那蝼蚁或小甲虫，看似渺小，其危害性却很大：正因为这些常常被忽略掉的蝼蚁、甲虫，才使得看似牢不可破的大堤、巨树变得脆弱不堪，因此，细节性的问题往往会成为致命的问题，会让孩子们在成长过程中“摔跟头”，甚至一蹶而不振，失去核心竞争力。

家长和老师是离孩子最近的人，当我们发现他们鞋子里的“沙子”的时候，应引导其及时清除，要让他们意识到，对待事物不能忽视细节，微小的事物一旦被忽略，就会由小引大，终会造成无可挽回的后果。

「6」

案例一中，在结束交流的时候，我问小冉同学：一只蹄铁是否重要？她说，应该不重要。

我告诉她："蹄铁效应"是这样说的：掉了一只蹄铁，折了一匹战马；折了一匹战马，摔死了一位将军；摔死了一位将军，吃了一场败仗；吃了一场败仗，亡了一个国家……"

"千里之堤，溃于蚁穴"，希望小冉同学和她的家长都能理解这个成语的内涵。

高中毕业，是人生的分水岭。如何引导走出校园的孩子始终不忘责任、不忘信念、不忘热爱？让我们一同走进《从这一刻起，你该去远行》。

从这一刻起，你该去远行

「1」

伴随着终场的铃声，2017 年的高考落下了帷幕。孩子们陆陆续续走出考场，他们的脸上，更多的是如释重负，更多的是灿烂的笑靥。

十二年的等待，十二年的艰辛，都在这一刻画上了句号。

人生，总是在句号和逗号中轮回，当一个句号画好时，就意味着另一个逗号在不远处等着你，你不可以躲避，更不可以慢待。

这个等待的逗号意味着，你们不再是那个懵懂的中学生，不再是母校小心呵护的在籍生。从这一刻起，你成了校友；从这一刻起，你该去远行！

「2」

在学校的南门，偶遇了一名高三学生，我问她：“××× 同学，当你走出学校大门的时候，此时此刻对你意味着什么？”

“可能意味着，今后，学校不再是我的家，而是我常常想的地方。”她一本正经地说。说完，做个鬼脸，很快消失在人流中。

我从她的话语中，读到了淡淡的感伤，读到了依依不舍。其实，感伤和不舍中还隐藏着几许无奈。

成长是不以人的意志为转移的，就像十个月孕育之后，我们必须带给这个世界第一声啼哭；就像年满 7 周岁的时候，我们必须走进也许自己并不向往的校园……

高中毕业，是人生的分水岭。站在分水岭的边上，对新一代的校友们，老师只想说：从这一刻起，你该去远行。

「 3 」

从这一刻起，你该去远行，千万莫忘了你的责任。

责任是什么？让我们来看看河北省唐山一名叫陈曦的女孩的故事。出生时遭遇的严重窒息，导致她语言和行动受损，她既不能正常说话，也不能像常人一样行走，只有两个指头可以简单活动。可她没有自暴自弃，没有被命运吓倒，她顽强地自学，拼命地读书。她关于责任的诠释，让我感动不已。

她在给著名作家熊培云的一封信中写道："在很小的时候，我就有一种隐约的感觉，那就是'我与这个国家紧密相连，我会融入时代的洪流中'，可惜那时太小，我无以行动。"

她是一名残疾人，却是精神上的富有者，她没有更多地想着自己的疾病，而是思考自己与这个时代、与这个国家的关系。

作为一名老师，我期待着，每一位校友都能不忘自己对于国家的责任。在我看来，一个人常常思考着对国家的责任，才会真正做到"不以物喜，不以己悲"。一个不忘"国家责任"的人，绝不会轻而易举地忘掉对父母、对家庭、对社会的责任，在他的字典里，绝对没有"背叛"这个词。

一个胸怀"大我"的人，其"小我"也会做到极致，也会温情脉脉。

「 4 」

从这一刻起，你该去远行，千万莫忘了你的信念。

信念是什么？它包含着理想、志向、意志……有了信念，你们才会离理想的彼岸更近一些。

一名学生因为家贫差一点在初二时辍学，后来在多方资助下，终于读完了初三。那一年，她才 15 岁，只身一人到南方打工。

多年之后，她跟我描述，南方这座城市到处都充满着诱惑。她说，她和其他女孩一样，也非常喜欢名牌衣服，喜欢名包名表，喜欢项链戒指……但是，她没有像有些女孩那样，去靠不正当的行当赚钱，即使在她最困难的时候，她都坚定一个信念：要依靠自己的劳动去生活。

这个学生现在正经营着一家不错的餐馆，她在诉说这一切的时候说："每当我快抵挡不住诱惑的时候，我就会回想起老师对我的好，母校对我的好。"

作为一名老师，我期待着，每一名校友都能抵挡住人生的诱惑，你抵挡诱惑的能力有多强，你离成功就可能有多近。

在诱惑面前，坚守信念是关键。

「 5 」

从这一刻起，你该去远行，千万莫忘了你的热爱。

走出学校的这一刻，你才会第一次发现，生活中需要更多的不是分数，不是排名，不是智商，生活所需的，更多的是基于热爱的执着。

你得热爱你的单位，因为单位将是你的衣食父母，你的精神家园。对待单位的态度，考验着你的良知，对单位不要人云亦云，不要随波逐流，因为没有了单位，你可能什么也不是。

你得热爱你的工作，尤其在你没有更换工作之前。因为热爱，世界工业史上才会有瓦特、史蒂芬孙；因为热爱，世界音乐史上才会有比才、贝多芬；因为热爱，世界绘画史上才会有莫奈、毕加索……

有了热爱，你才可能远离诸多的失败与痛苦。

「 6 」

此时此刻，我们的新校友们，有的可能已经坐上归家的班车，有的可能已经回到乡野的葡萄架下，有的可能正在大排档里尽情畅饮，有的可能在 KTV 里引吭高歌……

在这离别的日子，送上罗曼·罗兰《约翰·克利斯朵夫》中的一段话，祝福即将远行的孩子们："你得对这新来的日子抱着虔敬的心。……对每一天都得抱着虔诚的态度。得爱它，尊敬它，尤其不能污辱它，妨害它的发荣滋长……"

孩子们，熟悉的校园，转身成了母校，从这一刻起，你该去远行……

孩子的发展有无限多的可能，他们将来会成为怎样的人，在一定程度上取决于我们今天把他看成怎样的人，让我们一同走进《在孩子面前，我们都是“渺小”的》。

在孩子面前，我们都是“渺小”的

「 1 」

5 月 16 日，我们一行来到了泗洪县特殊教育学校。这是平生以来，我第一次走进这样的学校。

在惊诧于特校先进的设备、浓郁的文化以及特教人的奉献精神之外，参访过程中看到的一些细节，也令我终生难忘。

在一间特殊教室里，一名教师正在跟几名有智力缺陷的孩子交流，教他们辨识长方形、正方形、梯形和圆形。其中一名孩子似乎很不听话，未经老师允许就跑到了我们面前，大声地说：“我叫 ××，是泗洪县特殊学校的学生。”

老师赶忙前来介绍，说这孩子在班里是最活跃的，他有很强的表现欲，经常会对前来看望孩子的家长做自我介绍。

「 2 」

就在我们准备离开教室时，这个孩子又突然跑到门口，和我们一一握手道别，那架势好像一个国家元首在会见外宾，面带着微笑，又非常郑重其事，萌翻了。

我们也非常配合，一一和他握手，并让学校负责宣传的老师给每一次握手留影，大家都好似在参加一个重大的外事活动。

这件事让我想起了 2011 年在加拿大学习时经历的一件事。

「 3 」

那年冬天，我们参观了多伦多的一所学校。加拿大的基础教育一般都是综合性的学校，里面有中小学，有职业教育，也有特殊教育。

当我们即将迈进一间特殊教育的教室时，突然一名教师从室内跑出来，通过翻译对我们说，里面的孩子都是有智力缺陷的儿童，他们学习不容易，但非常刻苦，希望待会我们能当面表扬孩子们。

我们走进教室，一名教师正在教 4 名孩子读文章，她的怀里还抱着一个，这孩子的头比一般孩子的头小一半……

当老师指定她怀里抱着的那名孩子读课文时，虽然我们不太懂英语，但其口齿不清，我们还是听了出来。这个孩子一读完，我们都报以热烈的掌声。那名事先和我们交流的老师，一直把我们送到门外，不住地点头表示谢意。

这件事已经发生多年了，但那个加拿大同行一边抱着孩子一边教学的情景，一直萦绕在我的心头。

「 4 」

上面的两个案例，让我由衷地佩服奋战在特殊教育战线的同仁们：他们面对着特殊的群体，付出了难以想象的劳动，他们虽然很难桃李芬芳，却依然坚守在那三尺讲台前。

这两个案例引发了我诸多思考。

之所以说“在孩子面前，我们都是‘渺小’的”，因为相对而言，我们比孩子有更多的社会阅历，有更多的人生体验，我们不能仅用成人的目光去打量孩子，不能简单用成人的尺子去衡量孩子，不能用居高临下的姿态去引导孩子。相反，我们应该学会蹲下身子，学会欣赏孩子，学会仰视孩子。你的仰视和欣赏，会让孩子有无限多发展的可能，有更强的奔跑的动力，去成为“更优秀的自我”。由“居高临下”到“仰视”，应该是教育进步的表现。

“在孩子面前，我们都是‘渺小’的”，这句话隐含着这样的潜台词：教师或家长应当把孩子的发展作为自己的奋斗目标。毋庸置疑，我们都是发展中的人，我们都有自己的事业，但作为教师或者家长，我们要摆正自己发展与孩子发展的关系。当学校开家长会的时候，一些家长总是以工作忙或者生意忙为借口不参会，岂不知，孩子的发展也是我们发展的重要组成部分。相对于我们的发展，孩子的发展则更显得急迫与珍贵，这正如农人种植庄稼，一个季节的歉收，极有可能会带来一年的饥荒，更何况，庄稼歉收了，来年可以重新播种，可孩子的教育在某一阶段“歉收”了，可能连补救的机会都没有。

「5」

“在孩子面前，我们都是‘渺小’的”，这句话是想告诉教育者：要把孩子看成是发展中的人，他们有无限多的可能，他们将来会成为怎样的人，在一定程度上取决于你今天把他看成怎样的人；要把孩子看成是有个性的人，他们每个人蕴含的能量超出你的想象，他们将来的发展在一定程度上取决于我们今天“发现”的程度，更取决于我们合理“开发”的程度。

“在孩子面前，我们都是‘渺小’的”，这句话告诫我们：要敬畏教育，因为教育是讲究时机的，教育的每个阶段都有不可替代的意义。正如著名作家周国平所言：“人生的各个阶段皆有其自身不可取代的价值，没有一个阶段仅仅是另一个阶段的准备。”

“在孩子面前，我们都是‘渺小’的”，这句话告诫我们：要敬畏孩子，因为孩子意味着明天，意味着我们明天的样子……

班级是个团队，如何通过创建班刊，凝聚班级精神，增强团队意识，搭建家校桥梁？让我们一同走进《〈合唱团〉，让家不再遥远》。

《合唱团》，让家不再遥远

「 1 」

班里的学生来源比较多元：有 11 名孩子来自农村，他们大多是“留守青少年”，父母远在异乡打工，亲情的缺失让这些孩子常常沉默寡言；还有 20 多名孩子的父母是做生意的，父母忙于自己的事业，孩子的教育几乎完全指望学校；也有 10 多名孩子的父母是乡镇公务员，长期驱车奔波在城乡之间，也难以顾及孩子的教育。学生来源的多元性，决定了学生团队的多元性。在高二（2）班，很少有大“家”的意识，却多有小“家”的倾向：常常是几个孩子在一起玩，很少大家一起玩。

「 2 」

面对团队意识的淡漠，我一直苦恼着。直到 2010 年 12 月 29 日，这一苦恼得以解脱。那一天，我在网上看到了一则新闻《〈独唱团〉宣布停刊，“独唱者”归期无定》。

我知道，该刊主编是孩子们心中的偶像，他的一举一动都会牵动孩子们的神经。借此机会，我在班会课上高调宣布创办班刊《合唱团》，成立《合唱团》编委会，明确一名冯姓班干部负责编辑，一月一期，一期一主题，目标是让《合唱团》成为我们共同的家园。

「 3 」

《合唱团》第 1 期主题是“请相信品牌的力量”，各学习小组长纷纷撰文，介绍自己小组的特点以及团队的奋斗目标，其中第六组组长徐同学这样写道：“我谨以第六组 10 名同学的名义挑战第三组，我们的挑战宣言是：‘老虎不发威，你当我是 Hello Kitty 呢！’”

《合唱团》第 2 期主题是“莫为生活悲伤”，一名李姓同学引用契诃夫《生活是美好的》中的话开导大家：“要是火柴在你的衣袋里燃起来了，那你应当高兴，而且感谢上苍：多亏你的衣袋不是烈性炸药。……要是你的手指头扎了一根刺，那你应当高兴：‘挺好，多亏这根刺不是扎在眼睛里！’要是有一颗牙痛起来，那你就该高兴，幸亏不是满口的牙都痛……”

到高考前，《合唱团》已经创办了 11 期，先后发表了上百篇学生、老师的短小文章。

《合唱团》俨然成为家的代名词，弥漫着家一般的温馨；《合唱团》俨然成为团队的代言人，弘扬着团队核心价值观；《合唱团》俨然成为爱的平台，弥漫着爱的芬芳……她让爱不再遥远，让家不再遥远，让团队成为共同的诉求。

「4」

创办《合唱团》的本意，是凝聚班级精神，增强团队意识，但也有意外的收获。

班级里有一名张同学，她母亲在南京上班，父亲在宿迁上班，每天晚自习下课，她独自一人骑车回到租住的房子，和外婆、外公一起生活，难免孤独，遇到生活中、学习中的问题，连有效沟通的人都没有。

张同学非常善解人意，没有埋怨父母，因为她知道母亲在电信部门工作，业务量很大，每周回来一次看她都是很不容易的；父亲是单位的办公室主任，晚上应酬比较多，指望他每天晚上下班都回泗洪，也是不现实的。

有一次，《合唱团》的主题是“亲情的力量”，摘录了张同学的一段话：“可是我知道，这个世界上有些东西是永远无法置换的，就像他是我的父亲，而我永远是他疼爱的‘臭小子’；就像我不管怎样飞奔着去爱他，都无法赶得上时间催他老去的步伐，也无法抵得上他曾经给过我的万分之一的呵护。”

恰巧，张姓女生的爸爸在家长会上看到了《合唱团》上的这段文字，他非常感动，当场落泪，并在家长会上做了一段感人至深的发言。

从此以后，这位父亲坚持每天下午下班都从宿迁回到泗洪，每天晚上都在学校门口等候放学的女儿……

「 5 」

培养学生品性需要“舞台”。《合唱团》虽然只是班级的期刊，但成了同学们相互沟通的平台，成了他们的倾诉平台。《合唱团》的字里行间都流淌着同学们的心声，弥漫着亲情的温馨。

加强家校联络需要“桥梁”。如果学校与家长的沟通，仅仅限于每学期几次家长会，或者通过微信、飞信、电话简单地交流，也是难以奏效的。而《合唱团》的创办，开辟了家校沟通的新渠道，让一些家长通过《合唱团》，进一步走进这个班级，走近自己的孩子。

开发教育资源需要“多元”。学校无小事，处处皆资源；教育无小节，事事皆教育。如果我们教育工作者都能去开发教育资源，能给孩子们提供更多元的教育因子，更为难得的是，用“身边事”“身边人”去教育“身边人”，就会达到事半功倍的效果。

「 6 」

班里的孩子，最远的离家 100 多里；虽然也有家住县城的，可其父母远在千里之遥的他乡打工。

可见，孩子们离家总是远的，他们需要一个很近的家。

而《合唱团》让大家有了心灵的港湾，有了家的温馨，有了家的念想。

突然想到那首《我想有个家》：“想要有个家 / 一个不需要华丽的地方，在我疲倦的时候 / 我会想到它……”

青春是一条“没有航标的季节河”。如何以正确的思想引领孩子们的发展，让他们走出“夏洛特烦恼”？让我们一同走进《酿造青春的葡萄酒》。

酿造青春的葡萄酒

「 1 」

有人说，青春是一条“没有航标的季节河”：它可以任性流淌，无拘无束；它可以漫无目标，率性而为；它也可以随波逐流，肆意岁月……

2011 年，我有幸再次走上了班主任的工作岗位，面对高二的“顽童”们，不经意间踏进了青春的舞场。站在“没有航标的季节河”面前，如何拨正人生的航向，如何以正确的思想引领孩子们的发展，都是我每天要面临的课题。

「 2 」

班级管理伊始，我一直想去“征服”学生，于是大量地阅读，大量地写作，大尺度地改革课堂，想通过丰富的知识、前卫的视角、全新的课堂去让学生“臣服”。

但往往事与愿违，孩子们的思想就像一条条变化的河流，它因流经的“地形”“地貌”的不同，以及人生“季节”的影响，常常会产生阶段性的变化，可能正由于这些变化，让我试图“征服”他们的信心慢慢地消失。

「 3 」

一则故事，却让我重拾信心。

据说，当年的罗马军队在武力征服世界的过程中曾带着葡萄的种子，当他们途经高卢的博讷的时候，发现这里的阳光、这里的土壤、这里的气候特别适合葡萄的种植，于是他们就和当地的农民一起劳作，种植葡萄，酿造美酒。

几年后，许多战士再也不愿远征，他们更想成为当地的一名酒农。罗马查里曼大帝为此不得不颁布法令，严禁此后的罗马部队再经过博讷。莎士比亚在其剧本中也因此感慨道：“罗马帝国征服世界，博讷征服罗马帝国。”

「 4 」

这个故事给我留下深刻的印象，美酒可以征服南征北战的战士，葡萄可以征服罗马帝国，我们靠什么去“征服”那些处于青春期的孩子们，去引领“没有航标的季节河”流向正确的方向？

要成为征服孩子们的“葡萄酒”，在我看来，我们的教育就应具有葡萄般的“可口”，拥有葡萄酒般的“回味悠长”，当然更免不了耕种葡萄的艰辛，以及酿造葡萄酒的良苦用心。促进学生发生改变的，不在于那些外在的知识，而在于蕴藏其中的深刻内涵。

「 5 」

出于“酿酒”的初衷，我的每一节班会课都有特定的“课魂”，都有精彩的故事，都有尽情的分享，都有哲性的剖析，更有理性的引领和悠长的回味。

总之，我在精心酿造属于我和孩子们的“葡萄酒”，并期许着他们在未来的日子里，在走出泗洪中学的日子里，能时刻回想起我们曾经一起种植、一起酿造、一起品尝的岁月。

主题班会“方和圆的哲学”，引导孩子们要有规则意识，因为“没有规矩，不成方圆”；主题班会“每个人都是 No.1”，引导孩子们高扬起自信的风帆，自信人生二百年，会当水击三千里；主题班会“一阵子和一辈子”，引导孩子们认识到青春的珍贵，“一阵子”的努力会对未来的人生产生积极的影响；主题班会“七月枣子八月梨”，引导孩子们珍惜美好时光，切莫误入早恋的“泥淖”，因为我们都只有一次青春，而青春是无法复制的，要把最美好的青春献给最美丽的读书事业……

「 6 」

2012 年，学生们参加完高考，走出了“夏洛特烦恼”时代，奔赴他们理想中的大学。高考的硝烟早已散去，毕业时告别的场景就好像在昨天，回想起和孩子们在一起的日日夜夜，值得回味的有很多很多，但和孩子们一起酿造“葡萄酒”

的日子，将成为此生永恒的印记！

在即将结束本文写作的时候，恰巧拜读了熊培云先生的《每个村庄都是一座圆明园》，他在文中说："一个人热爱生养自己的家园与土地，不在于它是否富饶，不在于你有多大成就，而在于你在那里度过了多少流金岁月，你还可能回来，因为那是安顿灵魂的所在。"

「7」

我在想，如果一名班主任在其三年或者更长的班级管理生涯中，没有一节班会课能成为学生的"精神的故乡"，那的确是孩子们的悲哀，那他的心灵将来也不会回来，因为我们的班会课没有成为孩子们的"安顿灵魂的所在"！

假如每个村庄都是一座圆明园，那么，每一节班会课都应该成为"青春的葡萄酒"，成为孩子们精神的"故园"，时刻召唤着他们"常回家看看"。

教育的每个阶段都有不可替代的意义。如何尊重教育规律，进一步优化教育的过程？让我们一同走进《炕房孵鸡对教育的启示》。

炕房孵鸡对教育的启示

「 1 」

教育是什么？千百年来人们都在追问。有人说教育是经济，有人说教育是艺术，也有人说教育是科学。

人们如何定义教育，这并不重要。重要的是，教育要遵循自身的发展规律。

普天之下，万事万物都需要遵循规律，规律是用来遵守的，而不是用来破坏的，否则就会受到规律的报复。

「 2 」

前几天，与几位同事一起吃饭，大家一起分享了自己的童年。

一位同事回忆说，小时候，自家的母鸡和邻居家的母鸡几乎同时孵小鸡，可当邻居家的老母鸡带着已经孵出的小鸡开始疯跑时，自家鸡窝里的鸡蛋还没有动静。于是，我这位同事趁母鸡不注意，偷出了两枚鸡蛋，用筷子分别敲开一个小洞，然后又悄悄地将这两枚鸡蛋放回去。两天后，其他鸡蛋都孵出了小鸡，唯独那两枚鸡蛋“胎死腹中”……

当同事讲出这个故事后，饭桌上有人评价说，这与揠苗助长是一个道理：任何事物的成长都有自身的规律，人为地提前或延宕其发展进程都是违背了规律，违背了规律就应该受到惩罚。

另一位同事则换个视角看，他说，事物的成长主要靠内因，外因通过内因起作用，如果我们一味地强调外因，其结果就违背了规律，这就是人们常说的从外面打破的叫破坏，从内部突破的才叫成长。

仁者见仁，智者见智。两位同事的观点都有其道理。但再换个视角看，如果我们把教育看作和母鸡孵小鸡一样的过程，则会有新的思考。

「3」

我现场问两位同事，在母鸡孵小鸡的 21 天里，哪一天最为重要？一位同事说是第 21 天，因为那一天小鸡将破壳而出，稍有闪失，可能就会前功尽弃。

其实，孵小鸡的 21 天每一天都很重要；教育也是这样，教育的每个阶段都有不可替代的意义。

由于鸡蛋需要有相当高的恒温才能发育，一般来说，母鸡会把鸡蛋放在自己的身下，不间断地用自己的体温呵护着鸡蛋，直至小鸡孵出来才会离开。鸡蛋在母鸡肚下孵化 21 天，小鸡快出来时，小鸡在里面啄，母鸡在外面啄，把壳啄开，小鸡就会顺利地出来。孵小鸡原理给我们的教育带来诸多启示。

「4」

教育是讲究过程的。过程的好坏决定着结果的成败。过程是“量”的积累，目标结果的实现是“质”的飞跃。在这一过程的每个阶段都万不可掉以轻心，否则教育的努力便会功亏一篑。

这正如炕房孵鸡，卵在胚胎发育的过程中一直都很正常，在鸡蛋变作鸡的最后一天，我们似乎听到了即将破壳而出的雏鸡的鸣叫声，而在这时如果我们放弃了合理的温度与适宜的湿度，雏鸡也必将是万难破壳的，终究是旺鸡蛋（孵化不成功的鸡蛋，叫旺鸡蛋或者活珠子）。

「5」

教育是需要内外结合的。教育就是心育。实践证明，如果一名教师的言行能让学生信服，学生的言行自然就符合应有的规范。

同样，一个走不进学生心里的教师，无论他的教学技艺有多么高超，也是很难取得优异的教育教学成果的。

这和母鸡孵小鸡的原理是一样的，小鸡的“横空出世”，需要母鸡外力的帮助，更需要鸡蛋里胚胎的自我突破，否则，如果像我同事那样，从外面用筷子制造小洞，企图帮助小鸡早日破壳而出，其结果一定是负面的。

「6」

教育是不可逆的过程。教育的过程非常类似于母鸡孵小鸡的过程，在孩子的成长过程中，每一天都很重要，每一天都有不可替代的意义，每一天都是“黄金时代”。

假如，在鸡蛋成为小鸡的21天的过程中，哪怕是某一秒钟的外力破坏，或者温度、湿度突然人为地大幅度升降，都会让鸡蛋永远是鸡蛋，永远变不成小鸡。所以，我们应该关注孩子成长的每一个阶段，小学一年级和高三同样重要。

「7」

老子的《道德经》中有这样一句话：“生之畜之，生而不有，为而不恃，长而不宰，是谓玄德。”意思是说，生长万物，养育万物，生长而不占有，养育而不自恃有功，滋养万物而不主宰它们，就称作自然无为最高深的德性。

自然界的德性和教育的德性是息息相通的。更何况，教育本身就是培养德性的事业，教育本身也应该符合自然界的德性。

道法自然，不仅仅是道家遵循的法则，也应是我们教育者要遵守的“铁规”，即教育要顺应儿童的自然本性，要顺应教育的自身规律，要顺应学生的阶段特征。

「8」

炕房孵鸡的现象告诉我们，教育始终是一个过程，教育需要内外结合，更为重要的是：教育是不可逆的！

遵守自然的德性，教育过程才少产生一些“旺蛋”，多培养一些人才。

第六辑

谨防家庭教育的“无证驾驶”

重点探讨如何引导家长为孩子营造一个有利的成长环境，
重视家庭教育在学生成长过程中的作用。

连开车这样简单的技能，都需要一定时间的规范培训，都要经过严格的考试程序，家庭教育也需要“驾照”。让我们一同走进《谨防家庭教育的“无证驾驶”》。

谨防家庭教育的“无证驾驶”

「 1 」

近日，有幸通过《书摘》拜读了长篇小说《安魂》的梗概。

“编者按”中说：“字字无声泪垂血，人间绝唱安魂曲，以彻底的真诚和勇气直面死亡，从哲学的广度和高度反思生命。……每读一次原稿，都会流下一些泪水，建议所有的父母看，懂得自省，懂得尊重，懂得自己的可怕。建议孩子看，懂得父母的恩父母的爱，懂得珍惜生命。”

正是被“编者按”所吸引，我才在繁重的教学管理之余，阅读了长篇小说《安魂》的梗概。虽然我没有机会看到原著，但即使是梗概，已经让我泪水涟涟。

泪奔之余，更多的是引发我对教育尤其是家庭教育的反思。

「 2 」

《安魂》的作者周大新，是中国著名的作家，第七届茅盾文学奖得主。2008年，周大新的儿子周宁病逝，强忍中年丧子之痛的他，在2012年出版了长篇纪实小说《安魂》。

从《安魂》的梗概知悉，《安魂》的表达方式主要是对话：一边是留在人间的父亲，一边是已在天国的儿子，20万字的绵长对话，记录了父子间许多过去想说而没有来得及说出的话。

时光在原著中倒流，在父与子的交替讲述中，儿子周宁从童年、少年、青年，逐步成长为一名大学生、一名军官——“他只度过了平凡短暂的一生，然而他天真过、成熟过、恋爱过、奋斗过，有过属于他的天地。”

虽然我只是读了杨新岚缩写的《安魂》的梗概，却从梗概中感受到了父爱的伟大，感受到了父子生死离别的苦痛，感受到了父亲对死亡的彻悟，也感受到了当儿子逝去后父亲对家庭教育的深刻反思。

「3」

反思的焦点一：孩子的教育和自己的事业，哪一个更重要？

《安魂》中，有这样一段对话：“孩子，你上小学时，我们陷入了一桩可怕的官司，我们把你送到北京避难。你忽然开始咳嗽，我们忙于官司，只让亲友领着你去小医院。更糟的是一个医院的朋友好心而频繁地给你照 X 光，伤了你的免疫力。官司打胜，你却很瘦很弱了。官司和你的健康比，哪个重要？”

这一段话，看上去是作家忏悔自己对童年的儿子没有尽到监护的责任，让孩子伤了免疫力，其实在后悔自己没有对儿子从小尽到教育的责任。

有人常常问我，在对孩子的教育过程中，哪个年级最重要？我常常这样回答他：孩子成长的每个阶段都有不可替代的意义，既然如此，那每个年级都很重要。但相对而言，小学比初中重要，初中比高中重要；换言之，年级越低，重要性越强，因为，良好的学习习惯，都是从小培养的。

人的发展总是有黄金期的，在教育的问题上，的确是“过了这个村就没有了这个店”。可在现实中，许多家长不重视小学教育和初中教育，到了高中，家长开始高度重视，其实，已经晚了。

在小学工作的爱人长期做班主任，她班开家长会的时候，家长从来没有全部到齐过，有的甚至让爷爷奶奶代表，还有的家长喜欢带着小朋友来，班主任在开会，孩子在哭闹，让人哭笑不得。当班主任致电家长问起不开会的原因时，他们的借口往往是，最近的工作（生意）太忙了。

对于这样的家长，我建议他看一看周大新的《安魂》，事业和孩子的教育比，哪一个更重要？

「4」

反思的焦点二：谁才是孩子发展的主人？

《安魂》中，有这样一段作家的自责：“我多少次霸道地改变了你的选择！你想去市体校跳远，我说不行：运动员三十岁就老了，那时想改行也难了。你说：

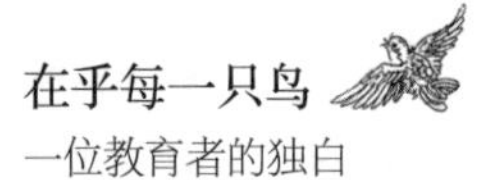

三十岁当跳远老师不就行了？我摇头：谁看得起？”

这段自责来得太晚了，儿子已去天国，父亲才后悔当年没有尊重孩子的选择，作家在文中对生活进行了这样的假设：假如让孩子选择了学习体育，也许孩子的身体会一直很棒，也许孩子的抵抗力会一直很好，也许就不会在 29 岁那年患上绝症……

然而，世间没有“也许”。

虽然世间没有“后悔药”，但作家周大新的后悔，也的确在提醒每一个做父母的人，要尊重孩子的自主选择，因为——家长世俗的选择，会让孩子的学习过程难以体验到应有的快乐；家长自主的选择，会在一定程度上偏离了孩子的真正兴趣；家长盲目的选择，会有可能让孩子进入更加激烈的竞争境地，因为今天的热门专业，并不意味着四年或八年以后依然是就业的热门。

在高中，一些孩子选择学习艺术，家长往往认为艺术之路未来没有出路，就到学校来要求改科，岂不知，你恰恰背离了孩子的特长和兴趣；一些孩子选择学习了文科，一些家长认为文科将来不好就业，就到学校要求改学理科，可孩子由于物理、化学薄弱，难以考上理想的大学，家长的做法，其实是规避了孩子的优势而凸显了孩子的薄弱。

对于这样的家长，我倒是建议他去看一看《安魂》，在孩子的发展过程中，我们要始终扮演着“助演”的角色，要让孩子真正成为自己发展的“领衔主演”。

「 5 」

反思的焦点三：批评可以让孩子变得更好吗？

《安魂》中，有这样一段儿子周宁的真情告白：“可遗憾的是，你和妈妈却很少夸我，你俩看见我，总爱找我的毛病，不是‘身上咋又搞脏了？’就是‘怎么又惹小朋友哭了？’或者‘为什么不把字写好？’总爱指出我这样做的不对，那样做的不好，老是批评，有时还挖苦，以为批评可以让我变得更好。其实不然，你们一批评我就不高兴，就很气馁，就有抵触情绪……”

我相信，这段话一定不是儿子活着时讲过的，而是在周宁病逝后，作家周大新模仿儿子的口吻在“讨伐”父亲。

在我们的传统文化里，总是有上下尊卑的因子，这就意味着，老子批评儿子是天经地义的事情，岂不知，你的批评，会导致“你们一批评我就不高兴，就很气馁，就有抵触情绪”。

看来，无休止的批评不仅不会让孩子变得优秀，反而会让孩子有抵触情绪，会打击孩子进一步发展的积极性，甚至会让孩子朝着你期待的相反方向发展。

但是，教育也不可以缺失批评。作为教育者，关键要掌握批评的技巧：可否将批评改为善意的提醒？可否将批评改为积极的期待？

「6」

“愧疚”是周大新《安魂》的情感主调：他愧疚，儿子出生时“爸爸没有能迎接你”；他愧疚，逼着儿子用功去上最好的中学；他愧疚，曾经强行拆散儿子的恋情……

在文中，周大新模仿儿子的口吻说：“你们是和奶奶一样爱我，甚至爱得更深，可你们就是不爱夸人，不会夸人，不知道夸一个孩子能让他精神更自信，这是没有办法的事情，毕竟那时候你们也年轻，又刚当爸爸妈妈，不懂这个……听说，当爸爸妈妈也是需要学习的。”

孩子最后的一句话，说到了点子上。的确，我们都是初为父母，都是第一次开始教育孩子，所以，当爸爸妈妈也是需要学习的。

我常常这样想，连开车这样简单的技能，都需要一定时间的规范培训，都要经过严格的考试程序，都需要领到驾驶证，那作为家长，更需要有规范的培训，严格的测试……

开车的需要驾驶证，做厨师的需要厨师证，监督工程的需要监理证……这些工作，相对于教育而言，都要简单得多，也容易得多，其重要性更不能跟家庭教育相比。

看来，家庭教育更需要“驾照”。

教育真的不是简单的“给钱”，“逸乐安知与祸双”。如何引导家长营造有利于学生成长的环境？让我们一同走进《逸乐安知与祸双？》。

逸乐安知与祸双？

「 1 」

我曾经接待过一名企业家，她的孩子想到学校暂时借读高一。

但看着孩子黄黄的头发，再看了看他的衣着，我心里实在有点担心。

孩子的妈妈告诉我，孩子原本是在澳大利亚读高中，每个月开销很高。她担心优渥的生活会害了孩子。

「 2 」

我不禁联想到王安石曾写过的一首《金陵怀古》：“霸祖孤身取二江，子孙多以百城降。豪华尽出成功后，逸乐安知与祸双？”

“霸祖孤身取二江”，说的是当年孙策（孙坚之子、孙权之兄）白手起家，率领门客数百人，东征西战，所向无敌。在短短几年之间，就肃清了盘踞“二江”（长江、钱塘江）流域的一股股割据势力，在江东地区创立了孙吴政权。

“子孙多以百城降”。孙策创建的东吴政权，曾经虎踞龙盘，实力雄厚。孙策死后，政权传到了其弟孙权手中，逐步形成三分天下的格局，达到了巅峰。可孙权去世后，东吴政权江河日下，东吴的最后一个君主孙皓，在西晋大兵压境时，竟然自缚出降，把江东“百城”拱手献给了西晋。

“豪华尽出成功后，逸乐安知与祸双？”则是王安石发出的感慨，他的意思是说，铺张奢侈都是在大功告成之后，可（这些人）哪里明了安逸享乐同祸患是成双成对出现的？

「 3 」

历史总是惊人地相似。意大利历史学家克罗齐曾说：“一切历史都是当代史。”

换言之，今天发生的一切，都在历史上上演过。孙氏家族的悲喜剧，看似早已结束，其实，现实生活中的“豪华尽出成功后，逸乐安知与祸双”现象却十分普遍，表现在家庭教育上，则更加明显。

一些富有的家长，把“给钱”当作教育的全部，认为只要给了孩子钱，就基本上完成了自己的义务。其实，教育是一个综合的心育工程，它对家长的教育提出了很高要求。

「 4 」

在这个知识爆炸、手机横行、网络信息良莠不齐的环境下，无论是学校教育，还是家庭教育，都面临着前所未有的挑战。作为家长，一定要正确定位自己的角色，为孩子的发展保驾护航。

家长应该扮演好“加油站长”的角色，发现孩子的亮点、个性、进步，适度夸大，充满期待，充满坚定，充满温情。

家长应该扮演好“后勤处长”的角色，关心从饮食开始，关心从孩子的喜好开始，关心从换位思考开始，关心从精心接送开始，关心从宽容孩子的错误开始。

家长应该扮演好“气象局长”的角色，学会观察，学会传递正能量，学会找到经典案例，学会深度剖析，学会从孩子的角度思考问题。

家长应该扮演好“公关部长”的角色，学会倾听孩子的心声，学会与孩子沟通，不要“爱你没商量”；学会化解，大事化小，难事化易，多维视角分析问题。

「 5 」

从上述的四个角色看，没有一个是简单地给孩子金钱。

简单的“给钱”行为，由于缺乏有效的监管，会滋长孩子的炫富心理，会引导孩子形成错误的价值观。简单的“给钱”行为，由于缺乏有效的指导，会让孩子形成浪费的习惯，用钱没有节制。简单的“给钱”行为，由于缺乏有效的引导，让孩子产生一定的优越感，不知父母工作的艰辛，不知金钱背后的汗水，无助于孩子形成正确的金钱观、人生观。总之，简单的“给钱”行为，有时你给孩子的并不是幸福，却极有可能是教育的负效应，甚至是“祸害”。

父母是孩子的镜子，孩子是父母的影子。正确的家庭教育，家长应该给予孩子什么呢？

「 6 」

家长应该给孩子营造良好的学习环境。这里的环境，不单单指的是物质环境，更重要的是孩子成长的“软环境”，让孩子处在一个家庭和谐、书香浓郁、知书达礼的良好环境中。从这样的环境中走出来的孩子，他一定是懂感恩、知宽容、讲谦和、知敬畏的孩子。

家长应该给孩子营造良好的示范环境。己所不欲，勿施于人。家长不愿做的事情，就不要让孩子去做。家长要成为孩子的一面镜子，事事讲诚信，事事讲规则，事事讲格局。孩子在这样的家庭环境熏陶下，也一定是一个讲诚信、讲规则、讲格局的孩子。

家长应该给孩子营造良好的励志环境。毋庸置疑，在目前的大环境下，学习是非常辛苦、非常艰难的一件事。如何让孩子去面对激烈的人生挑战？如何让孩子能在前进的道路上奋然前行？这都需要我们家长和孩子一起去接受生活的挑战，去磨砺孩子的意志，去“苦其心志，劳其筋骨，饿其体肤，空乏其身，行拂乱其所为，所以动心忍性……”

「 7 」

有一首《风雨无阻》，唱出天下父母的心：“给你我的全部，你是我今生唯一的赌注。”在今天大多数家庭是独生子女家庭的情况下，每个孩子的确是家长一生“唯一的赌注”。

正因为是“赌注”，我们才应该小心呵护；正因为是“赌注”，我们教育时才应该慎之又慎；正因为是“赌注”，我们才应该明了“逸乐安知与祸双”的道理。

在中国，常常听到“富二代”这个名词，但很少听说过“富三代”“富四代”的。“富不过三代”这句话，也应该时时提醒我们：教育真的不是简单的“给钱”，逸乐安知与祸双。

学校教育如何引导家长去真正认识自己的孩子，谨防“对面的孩子看不清”现象的发生？让我们一同走进《对面的孩子看不清》。

对面的孩子看不清

「1」

昨天，一位寻求复读的家长坐在我面前，一脸的沧桑，一脸的焦灼。当我问起他孩子的情况时，他显得非常无奈。

在他看来，他孩子平时成绩很好，只是高考时失误了。我问他，你凭什么这么判断？他说，他孩子平时全市三次模拟考试成绩都不错，而且老师也经常表扬他的孩子。

我问他：“你怎么知道老师经常表扬你的孩子？”他说，都是孩子回家告诉我的。我又问他，你是怎么知道你孩子平时成绩考得好的？他说，孩子每次考试后都会告诉他成绩，尤其是全市三次模拟考试成绩。

我说：“高考失误的情况是存在的，但也不至于差距这么大，你恐怕要从孩子给你提供的信息源上找原因。”不知这位家长是否听懂了我的话，他似懂非懂地点了点头。

「2」

无独有偶，今天下午又有几位家长来我办公室咨询，想到学校借读。我跟他们说政策上是不允许借读的。他们一脸的遗憾，希望我们能给他们一次机会，让他们的孩子到更好的环境中学习。他们几乎异口同声地说自己的孩子在初三平时成绩很好，只是中考失误了。

我在想，中考失误的状况一定会存在的，但也不至于几位来寻求借读的孩子都在中考时失误了。看来，这些家长还不完全了解自己的孩子，盲目地信任自己的孩子，以至于有的孩子回家谎报了成绩，他也信以为真。

作为国家级考试，在中考或者高考中学生很难有作弊机会，说谎话的孩子中高考成绩自然“水落石出”。这时候家长应该反思孩子的表现，而不是再次盲目地相信孩子，把孩子的中高考分数低归咎于考场失误了。

「3」

近日，来自河南四个城市的四名考生，声称高考成绩与自己的估分相差甚远。在查阅复制卷后，怀疑自己的答题卡可能遭遇调包，继而走上了实名举报的维权之路。

此事由媒体曝光后，引起民众的广泛关注。

2018 年 8 月 11 日，河南省纪委监察委经调查核实，不存在人为调包试卷和答题卡现象。

「4」

我想跟广大家长和同行们探讨一个问题，我们真的了解自己的孩子吗？我们真的了解自己的学生吗？是实现了“零距离”的交流，还是“对面的孩子看不清”？

从我们所接触到的家长来看，很多家长都不太了解自己的孩子，都认为自己的孩子很优秀，只是在大考中没有考好而已，这似乎成为家长们一种普遍的认识。

辩证唯物主义认为：偶然中蕴含着必然的因素，必然是偶然的累积。学生中高考考场上的失误，一般情况下不是偶然的，隐含着许多必然的因素，如果除去心理因素，更多时候是平时成绩的真实反映。

「5」

家长看不清自己的孩子，原因是多方面的。

一种情况是家长工作太忙，难以有时间深入了解自己的孩子。孩子读中学的时候，家长正值中年，上有老下有小，在单位往往是骨干力量，在生意上也可能是如日中天，应酬也特别多，很难有更多时间去了解自己的孩子。

另外一种情况是，家长十分相信自己的孩子，把孩子的话作为唯一的信息源。其实，孩子在不断地成长，就像没有航标的季节河一样，他会因流经的地形、地貌的不同而产生阶段性的变化，多少会受到环境的影响，眼前的这个孩子，也许已经不是那个只会说真话的幼儿园的小朋友了。

还有一种情况是，家长缺乏和老师以及孩子同学的有效沟通，没有验证孩子所说的话的真伪。一些“熊孩子”长期给家长营造了一个“童话世界”，让家长一直认为，他是非常优秀的，甚至是无与伦比的。当中考或者高考成绩下来后，孩子只能用失误来搪塞，这样反而博得了家长的同情，甚至认为自己的孩子太不幸了，其实，这一切都可能是虚构的。

「6」

“对面的孩子看不清”这种现象危害性极大。

第一，它助长了孩子的虚荣心理，日子久了，他就会认为说谎能带来好处，他就会把说谎当作正常的行为，他再也不会因为某一次说谎而脸红，更不会因为某一次说谎而心惊肉跳。

第二，孩子说谎，也严重影响了我们对教育情况的判断。什么是最好的教育？适合的就是最好的。一些孩子平时对家长说谎，让家长误以为孩子成绩很好，读高一时家长就千方百计托关系把孩子分进重点班，而在教学实践中，教师教学所针对的，往往既不是最优生，也不是最差生，而是中档生。因此，将一个成绩差的孩子分进了所谓的重点班，对他而言，无疑就是一场灾难。

第三，“美丽的谎言”会让孩子看不清自己，更看不清社会，他会把家长和老师对他的态度看成是未来社会的态度。事实上，家庭和学校的氛围，往往是一个“童话的世界”。而未来的社会，绝不可能是一个“童话的世界”，不会容忍一个说谎的人在社会上立足。换言之，如果我们不能及时纠正孩子的虚荣心，戳穿其“美丽的谎言”，会让孩子在未来的社会上处处碰壁，有时候，我们宽容的行为不是在爱孩子，而是在害孩子。

「7」

如何解决“对面的孩子看不清”的问题？

一方面，这需要我们家长加强沟通，尤其要加强和班主任及科任老师的沟通。沟通就是一座桥，它会促使家长了解孩子的真实情况，以防止家长的误判。同时还要加强和孩子的沟通，家长会在孩子的只言片语中找到他的问题，而不是选择盲目地相信孩子。

另一方面，还要学会验证孩子所说的话，看他所说的是否符合常识。

还有一点也十分重要，我们要学会观察，如果孩子学习态度很认真，智商也不差，学习习惯也很好，那他所说的成绩好就是正常的。如果他学习习惯很坏，学习态度也不端正，那他口中所说的成绩好，要么是暂时的，要么是假的。

「 8 」

“对面的孩子看不清”，它会让我们看不清孩子的真实情况，看不清孩子的未来发展。

有一句名言：“世界上最远的距离，不是生与死，而是我站在你面前，你却不认识我。”

期待家长去真正认识孩子，谨防“对面的孩子看不清”现象的发生。

教育，需要我们拥有一双慧眼。《雾里看花》中有这么几句歌词，借以送给家长们：“借我一双慧眼吧/让我把这纷扰/看个清清楚楚明明白白真真切切……”

父母是孩子的镜子，孩子是父母的影子。如何以身示范让孩子成为自己的“美丽的影子”？让我们一同走进《莫忘了你的影子》。

莫忘了你的影子

「 1 」

三年前，某地一批初中优秀毕业生怀揣着梦想，远赴他乡求学。虽然他们已经被当地的一所中学录取，虽然这所学校一再通知他们到外地读书的弊端，虽然……但这一切早已被置之脑后，在他们的家长心中：什么招生规定不规定，考上好大学才是王道。

三年后，他们遇到了麻烦：在其所就读的学校无法取得学籍表，更无法获得毕业证。于是，这些家长就开始组团在学籍所在学校、借读学校，市县教育主管部门、信访部门之间不停地奔波，最终惊动了市县政府，媒体蜂拥而至，于是，什么《考上了北大，上不了》之类的新闻在网络上铺天盖地蔓延……

最终，在当地政府及教育主管部门协调下，孩子们如愿拿到了自己的高中学籍表及毕业证，媒体也出面进行了正面报道。这件事似乎是以孩子及家长的“如愿”或“胜利”画上了圆满的句号。

但，我们不禁要问，家长们果真胜利了吗？

「 2 」

2010 年，《历史教学》刊登了任世江主笔的一篇文章《从火烧赵家楼到火烧英国代办处》。

在文中，任先生说：“五四运动的确是爱国运动。学生出于爱国、公愤，也由于年轻，火烧了赵家楼。……正义应该得到赞扬，……道德、道义上的正确，不能掩盖行为上触犯法律。任何人都不能以行为的正义为借口违反法律。现代社会的公民应该具备这样的法律意识。”

无独有偶，1967 年，北京又发生了火烧英国驻华代办处事件，北京外语学院的青年学生冲击英国代办处，事件造成了不良影响。

在这篇文章的结尾，任先生说：“两个事件都发生在北京，发人深省。北大、清华的学生大都是高智商的青年知识分子，为什么也这样粗暴？……为什么历史会重演？……在五四运动的教学中，火烧赵家楼对不对？应该作为一个常态问题，让学生思考。这是公民教育的典型实例。”

「3」

案例一似乎与任先生的文章没有什么关系，但是，它们又是何等相似。

案例一中，家长们以“不能让孩子不上大学”为由头，通过不断的上访，惊动了各级部门，最终，学校只能让步，只能抢在开学前，违反规定满足了家长们的一切要求。

是的，“孩子是无辜的”。就因为“孩子是无辜的”，家长就可以置各项规定于不顾？家长们果真胜利了吗？

是的，他们胜利了，通过自己的行动，如愿获得了孩子们所需的档案。

但他们也是失败者，因为，他们通过自己的行为在告诉孩子：你们今后如果遇到类似的事情，完全可以通过类似的行动来实现自己的诉求，哪怕你们的诉求或行动是违反规定的。如果真是这样的话，这将给孩子们怎样的不良示范啊！

「4」

教育即引导，示范也是引导的重要体现。有人说，孩子是家长的影子，如果这一命题成立的话，我们的一言一行对于孩子而言是多么重要。可见，重视自己的言行，就是重视对“影子”的教育。

2017 年 8 月 23 日，有网友在微博中称，因台风过境，南宁机场航班无法起飞。一群未成年人在父母的“指导”下直接抢占航空公司柜台，而家长们就在柜台外看着自己的孩子在柜台内玩闹。

微博称，9 名孩子聚在一起，围成一个圈，在开心地玩游戏，时不时地齐说游戏语“谁是巧克力”，玩闹的声音非常大……柜台外侧，有多名家长模样的乘客正与深航工作人员理论，场面十分混乱。这则新闻最能告诉我们，每个“熊孩子”的背后，往往会隐藏着“浑家长”。

人的成长最初就是从模仿开始的，他最初所模仿的对象，不是童年的伙伴，也不是幼儿园的老师，而是自己的父母。父母对孩子的影响，是终身的、深刻的、长久的。

「5」

既然家长的教育如此重要，既然家长对孩子的影响如此深刻，为人父母者，要时刻注意自己的言行。

我们要规范自己的行为。为人父母，其实就是为人楷模。基于“楷模”的重要性，我们要时刻规范自己的言行：少一些戾气，多一些和气；少一些埋怨，多一些理解；少一些争斗，多一些和谐；少一些打击，多一些激励。

我们要反思自己的行为。“人非圣贤，孰能无过？”人犯错误是正常的，但知错不改，则显然是有悖常理的。而修正错误的过程，本身也是教育，它在引导孩子知错就改，孩子也会不断修正自己的错误。可见，纠正自己的错误，不仅能使自己走上正确的轨道，还能带动孩子的成长与发展。

我们要创新自己的行为。教育，是个主观性极强的事业，它需要我们精心设计，而不是随遇而安。既然明了我们的行为对孩子的重要影响，那我们在实施自己的行为时，就应该将其设计得更有教育意义。经常看到一位同仁每次遇到乞丐时，总会捐三元钱，我就问他原因，他说：“我在同时帮爱人及远在北京读书的女儿也分别捐了一元钱。”他也同样要求女儿：“在北京的街头，如果你给乞丐捐款时，请你帮爸爸妈妈也分别捐一元钱。”

「6」

我们不仅要关注自己的行为，更要关注自己的影子——孩子的行为。千万不要以“孩子不懂事”“孩子是无辜的”等由头，去娇惯孩子、纵容孩子。如果你以“孩子不懂事”来处理孩子的行为，其实等于在告诉别人，这一切都是由于你的“不懂事”。

中国素有“身正不怕影子歪”的俗语。父母是孩子的镜子，孩子是父母的影子。孩子的修养，其实就是父母的修养。有一天，当我们老了，我们留给孩子的，最重要的不是高楼大厦，也不是银行的存款，而是给予他们能够立足于世的修养，这才是超越时空的爱。

如何给家长和孩子搭建一座理解的桥，增强教育合力？让我们一同走进《下辈子，我们可能就是平行线》。

下辈子，我们可能就是平行线

「 1 」

一名学生在周记里倾吐了自己的不快甚至是“愤怒”，周记的结尾有这样一句话：“这个女人，我恨你！”

我很快找到这名女生，询问“这个女人”是谁，她一开始默不作声，后来吞吞吐吐地说：“是我妈妈。”

我很惊诧，因为她的家庭很特殊，父母在她读初中时就离异了，她随母亲一起过日子，母亲靠打零工为生，生活很艰难，就在前不久，她母亲因乳腺癌刚刚做了手术……

恰好一周后，学校召开家长会。会后，这位母亲找到了我，无助地拉着我的手说：“周老师，我想和你聊聊。”

「 2 」

原来，几年前这位母亲和丈夫分手了，她已经“失去”了丈夫，不想再“失去”女儿，所以就不断提醒女儿要刻苦学习，久而久之，女儿烦了，就出现了文章开头的那一幕。

妈妈说，她女儿已经半个月不和她讲话了。

这件事在我心头萦绕了许久，母女斗气，问题到底出在哪儿？是母亲教育方式欠妥，还是女儿不理解妈妈的心？

教育，需要父母与孩子之间有一座桥梁。我想给家长和孩子搭建这样一座桥。

「 3 」

一节班会课，我布置了一个作业：“理解就是一座桥，为了加深大家和父母的相互理解，请各位同学给亲人（如父亲或母亲）写一封信，我期待着你们的理解、真挚和精彩。”

考虑到许多单亲家庭的孩子，所以我布置作业时用了“亲人”一词，并没有指定母亲或者父亲，只要是“亲人”就行了。

三天后，孩子们的信件都集中到了我这儿，由我统一从邮局寄给了他们的家长。

「4」

在下一次的家长会上，征得部分同学的同意，我通过多媒体展示了部分同学的信件内容，感觉孩子们一下子长大了——

一位李姓同学在信中说：“时光打破的是现实的枷锁，维系的是理解的温馨，窖藏的是刻骨铭心的记忆，沉淀的是血浓于水的亲情。”

一名朱姓同学在信中说：“不需要你们再因为我的吵闹而一味地忍让，不需要你们再因为我的无理要求而一味地满足，不需要你们再因为我的成绩而一瞬间白了头发……这一切，只是因为我长大了。”

一位家长经常反映她的女儿在家里不听她的话，可最近女儿的信让她很感动，她女儿在信中说：“妈妈，今天晚上，我不关心全人类，我只爱你一个。”

“如果还有下辈子，我还做您的儿子。”一名不爱说话的男生在信的结尾说道。

就是在这次家长会上，我偷偷看了看那位“想和我聊聊”的母亲，她不断用纸巾擦拭自己的眼角……

「5」

这件事之后，我发现同学们变了。

比如，很少注意自己形象的韩同学，突然开始“修边幅”了，不仅注意自己的衣着整洁，还把讲台收拾得一尘不染，看上去好像换了一个人。

有位经常迟到的张同学，也不再迟到了，木讷寡言的他，竟然有一天在离开我办公室的时候回头说了句：“老师，您身体不好，要注意经常锻炼！”他的这句话，让正在我办公室的客人都受到了感染，说你们班的孩子真懂事。

有位经常回家和妈妈“论理”的同学变化最大，从此再也没有和妈妈顶嘴。他妈妈在电话中问我：“周老师，你用了什么方法让我的孩子突然如此懂事？”

其实，变化最大的是班级的环境：吵吵闹闹的少了，安心学习的多了；上网玩手机的少了，专心阅读的人多了；下课就去买零食的少了，一起研究题目的多了……

「6」

虽然让孩子给家长写信，早已不是什么新鲜的“套路”，但触及心灵的沟通，依然是教育所必需的。

这件事让我有了诸多感悟：

再亲近的人也需要“沟通”。基于年龄、阅历的不同，孩子和家长对事物的认知也会不同，在这样的背景下，就会自然而然地产生一些不解甚至对抗。这种“不解甚至对抗”正需要沟通来解决，在电话、微信、QQ 盛行的时代，传统的写信仍更容易触及人内心那最柔软的地方。

再亲近的人也需要“理解”。当我们老师或家长以“为你着想”为由头去教育孩子的时候，也要顾及孩子的承受力；当我们以“我烦了”为理由去和父母顶嘴的时候，同样要顾及父母的心理感受。否则，缺失了理解的“桥”，隔膜的“墙”就会越来越高，当“高不可攀”的时候，再好的教育方式都会“失灵”。

再亲近的人也需要“表达”。表达是一种真情的流露，表达是拉近距离的绳索。当我们对西方文化中经常出现的父母子女之间拥抱、亲吻表示不屑的时候，莫忘了，这也是一种表达方式。在中国，写信正是一种比较含蓄的表达方式。手机沟通固不可少，写信也是别有风味的。

「7」

也许许多读者会问，文章开头那名女生到底给妈妈写了什么，会让她的妈妈在家长会上“泪奔”不已。

这个孩子在信中写道：“妈妈，这辈子，我们因缘而爱，所以要好好珍惜；因为下辈子，我们可能就是平行线，再无交集……”

其实，父母与子女之间，老师与学生之间，同事与同事之间……今生今世都是渐行渐远；即使有下辈子，也不会再有相交的可能。

所以，要珍惜。

如何引导孩子正确对待生活中的挫折，增强耐挫力，主动适应生活的挑战？如何引导学生着眼长远，去成为最优秀的自己？让我们一同走进《关上身后的门》。

关上身后的门

「1」

高三上学期，在美术全省统考前夕，美术班的孩子们都在紧张地备考：文化课已经暂停了一个月，从外地请来的专家正在给孩子们讲解素描、色彩、速写的应考技巧，每逢午间，送饭的家长也逐渐增多……

一名美术班的孩子华同学来到我办公室，眼睛红红的，我问她怎么了，她支支吾吾半天才说出了自己的诉求："我想休学。"

我问她为什么要休学，她说："在刚刚进行的全县美术统一模拟考试中，我的成绩不太理想，最近由于文化课暂停，对文化课成绩心里也没有了底，所以就想从高二重读，重新冲刺，将来考个更好的学校……"

华同学的要求被我断然拒绝，我说："你不符合休学的基本条件，按规定，休学的必须是因为较长时间生病暂时无法就读的学生，且有二甲以上等级的医院出具的建议休学的医学证明。"

「2」

第二天，华同学的家人找到了我，再次要求学校给予休学的机会，我再次跟她说，您的孩子不符合休学条件，并给她讲了下面的一则故事：

英国一位前首相有一个习惯——随手关上身后的门。

有一天，他和朋友在院子里散步，每经过一扇门他总是随手把门关上。"你有必要把这些门都关上吗？"朋友很是纳闷。

"哦，当然有这个必要。"他微笑着说，"我这一生都在关我身后的门。你知道，这是必须做的事。当你关门时，也将过去的一切留在后面，不管是美好的成就，还是让人懊恼的失误。然后，你又可以重新开始。"

「 3 」

家长似乎没有听懂我所讲的故事，我就让班主任把华同学叫到我办公室，一起听这个故事。再次说完这个故事后，我问华同学，这个故事给了她哪些启示，她似乎明白了一些，表示不再要求休学了，决心沉下心来，全力冲刺全省美术统考。

我对他们父女说，这则故事，至少给我们三个启示：

一是不要给自己留后路，一往无前。在中国古代史上，项羽的巨鹿之战就是典型的案例：“项羽乃悉引兵渡河，皆沉船，破釜甑，烧庐舍，持三日粮，以示士卒必死，无一还心。”当战士“无一还心”的时候，他一定会一往无前，一定会置之“死地”而后生，一定会有无穷的动力。

二是不要让过去成为负担。已经过去的，成功也罢，失败也罢，已经成为历史，“是非成败转头空”。如果我们一味地留意过去的得失，会因为过去的成功而沾沾自喜，也会因为过去的失败而留有阴影。其实，我们既无法改变过去，也无法预知未来，唯一能把握的，就是现在的“轻装上阵”，就是不受昨天的影响，一往无前地去努力。

三是要有清零意识。既然昨天已经成为过去，既然“是非成败转头空”，我们现在能做的，就是对昨天及时清零，重新开始。

「 4 」

华同学的案例，让我思考了很多。诚然，学校教育在一个人成长过程中扮演着十分重要的角色，但家庭教育对孩子的影响也是十分巨大的，面对孩子各种各样的诉求，我们家长该有什么样的心态，值得探究。

对于孩子的诉求，家长要把握好几个度：

“顺应”而不“屈从”。“顺应”指的是家长对孩子所提出的要求，要有一定的价值判断，如果孩子的诉求是符合教育特点、符合学校要求、符合发展需要的，就要千方百计地“顺应”他；如果孩子的诉求只是为了满足自己的虚荣心，满足自己玩耍的需要，家长不但不可以支持他，还要及时纠正其错误的想法和做法。如果你一味地屈从孩子，不仅在帮助孩子犯错误，还会让孩子在错误的道路上越走越远。你每一次无原则的满足或让步，都会成为孩子将来进一步“胃口大开”的资本。

“支持”而不“沦陷”。“支持”指的是家长要对孩子正确的诉求给予最大的支援，从某种意义上看，教育本身就是投资，教育的过程中需要花费大量的人力、财力，在孩子教育所需的资源上，家长不应该有所保留。“沦陷”指的是家长不要“听风就是雨”，对孩子的各种要求，全都无条件、无原则地答应。在我所认识的家长中，有少数家长早已“沦陷”，早已成为孩子的“仆人”，要什么给什么，这样的做法，早已背离了教育的初衷，偏离了教育的轨道，并让孩子在错误的道路上“快马加鞭”。

“关心”而不“溺爱”。关心孩子发展，是每个父母的天职。但是，对孩子的关心也应该有尺度，超过限度的“溺爱”，本身就是一种无言的伤害，就是对孩子未来的不负责任。

「 5 」

引导孩子关上身后的门，不是简单地截断孩子的后路，而是在引导孩子学会一往无前，放下包袱；是在引导孩子正确对待生活中的挫折，增强耐挫力，主动适应生活的挑战；是在引导孩子冷静思考昨天的发展，规划好更加美好的未来；是在引导孩子不要在意一时的得失，着眼长远，去成为最优秀的自己。

在前行的路上，需要我们跳出目前的环境，去更好地审视自己。正如著名作家熊培云所言：“世界就像是一个广场，如果你只知道左右，而忘了更要站在高处张望，你是很难找到自己的方向的。”

关上身后的门，就会倒逼我们去寻找前行的方向。

教育的主要功能是传道、授业、解惑，在教育的诸多功能中，没有一项是“让步”。如何防止“让步教育”的悲剧重演？让我们一同走进《“让步教育”的悲哀》。

“让步教育”的悲哀

初夏的早晨，捧着一本书，端着一杯茶，在阳台上静读茅海建先生的《近代的尺度》。一个家长的电话打破了原有的宁静，并促使我思考教育中尤其是家庭教育中的“让步”问题……

「1」

打电话的是一名高三学生的家长。

高二升高三时，为了便于科学考评，促进班级均衡发展，我们将同科类班级的学生进行重新分班。

分班的第二天，就有七八名同学找到我，要求调整回原来的班级。经过我们反复做工作，他们基本上认可了现在的班级。

可是，20多天过去了，这位家长依然打电话给我，请求给孩子调班。我说：“如果你发现高三1300多名学生中有一名学生调整班级的，请你第一时间告诉我，我会无条件地给你孩子调班。”

这位家长依然喋喋不休，说孩子回家沉默不语，情绪很坏，心思比较重，一家人都很惧怕他……

我说：“他今天这样的表现，是你们家庭长期对孩子无原则让步的结果，你们的每一次让步，都是他下一次逼迫你们进一步让步的资本。”

「2」

这让我回忆起三年前，高一年级刚刚分科，一位家长找到我，说她的女儿有点后悔学物生，想学物化。一周后，我帮她调整了班级。

没想到，几天后这位家长又找到了我，说孩子还是想回到原来的物生班。

我对这位母亲说，整个高一分科，要求调班的不足20人，我们都一一满足了他们的需求；而要求再次调班的，只有你女儿一人。我反复劝导她，学校的分班是提前 2 周通知学生和家长的，所选科目是孩子和家长共同签字的，分班规则是一旦公布，不得更改，上一次已经帮她女儿调整了，如果再次调整，我们学校的分科工作也太随意了，分科规则在她女儿面前一文不值。我建议她再好好劝劝女儿。

第二天，她再次找到我，请求我能够满足她的诉求。

当我将这名学生调整回原班时，她妈妈连声说“麻烦了，麻烦了”。我说：“你以后还会无数次‘麻烦’我，因为你一直在无原则地向孩子让步。”

「 3 」

这两个案例让我回想起了童年，想起外婆讲过的一则故事。

童年是在天岗湖畔的外婆家度过的，记忆中的天岗湖是那么地美：无论是湖面上的点点白帆，还是水中嬉戏的鱼儿；无论是清晨的薄雾，还是傍晚的渔歌；无论是摘荷、摸鱼，还是捞水草、摘野菱角——一切都如诗境、画境、仙境、梦境……

但日子终究是清苦的，作为孩子，偷瓜、偷桃、偷梨的事难免发生，大人们处理的办法无非有两种：一是严厉呵斥，甚至拳脚相加；另一种就是睁一只眼闭一只眼，装着没看见。

外婆则不然，她会带着我，把东西物归原主，并当人家的面赔不是。在回家的路上，她会给我讲那个“从小偷针，长大偷金”的故事，那个偷金的人在行刑的时候，请求见一面白发苍苍的母亲，并一口咬下了母亲的乳头，悔言：“要不是你从小娇惯我，处处给我让步，我哪有今天？”

故事的真实性我难以去考证，但故事的场景会时时提醒每一个做母亲的人，更时时提醒我，去慎重面对人生的每一次让步。

「 4 」

三个案例看似毫无关联，其实都在昭示一个道理：如果我们毫无原则地对孩子不断地让步，这其实在害孩子。那位被儿子咬掉乳头的妈妈可能明白了这样的道理，但我们许多家长却不一定明白。

让步不是教育。教育的主要功能是引导，是传道、授业、解惑，在诸多的教育功能中，没有一项是“让步”。“让步”意味着规则可以修改，意味着规则可以因人而异，意味着原则可以放弃，意味着家长或者老师必须听从孩子的意见——哪怕意见是错的。

孩子“逼迫”家长让步，隐藏着这样的逻辑：我是你的孩子，你就应该为我服务；我是你的孩子，你就应该为我改变规则。长此以往，“让步教育”的结果，是让孩子眼中再无规则，再无敬畏，再无感恩，他所需要的，是全世界都该为他让路。

「5」

真正的教育，不是避开学生的问题，不是无节制地让步，不是充当孩子的“佣人”，不是成为孩子诉求的“代言人”，而是引导孩子向善、向美、向“规”，去追求一切美好及规则。

家长和老师，都有义务引导孩子遵守规则。规则是事物发展所需的法则，规则是用来遵守的，而不是用来破坏的。一个好的团队，一定是规则文化至上的团队。我们引导孩子敬畏团队，其实就是敬畏团队的规则，敬畏团队的秩序。

我们还要引导孩子学会适应。法国生物学家拉马克的“用进废退”理论告诉我们，适应了，才会有所发展。后来达尔文把这种理论上升为“生物进化论”，他的一句名言更是点明了适应的重要性：“自然界生存下来的，既不是四肢最强壮的，也不是头脑最聪明的，而是有能力适应变化的物种。”

「6」

前不久，在微信上看到北京四中校长刘长铭的文章《请鼓励你的孩子做个幸福的普通人》，刘校长在文中说：“千万不要把孩子放在第一位，凡是把孩子放在第一位的，等待这个家庭的多半是悲剧。”

在家庭教育中，我们无休止地对孩子无条件地让步，总是把孩子的诉求放在第一位，久而久之，也许我们离悲剧真的不远了。因为人的欲望是无法永远得到满足的，一旦你无法或者没有条件让步了，那对于孩子而言，等待他的不是悲剧还能是什么？

“让步教育”其实给孩子营造了一个假的教育环境、生存环境，因为你可以对孩子让步、满足他的欲求，但社会却不会对某个人让步，更不会无缘无故地满足某个人的欲求。可见，“让步教育”，也是教育之殇。

适合的教育，才是最好的教育。如何把握好教育的“度”，防止教育的“过犹不及”？让我们一同走进《教育中的“过犹不及”》。

教育中的“过犹不及”

「1」

2012 届高中生中有一王姓女生，其父母都是教师，特别关心孩子的教育。小学让王同学在县实验小学就读，初中则安排到最好的育才学校就读。王同学中考成绩非常棒，高中的时候被远送到南京的一所名校就读。

可是从高一开始，王同学成绩每况愈下，无奈之下，父母在高二的时候将其转入了我们学校，我成了她的班主任。

高二上学期，王同学表现尚可。可从高二下学期开始，她的成绩继续下滑，她妈妈几乎平均每两天就到学校和老师交流，还给孩子买了许多教辅资料。几位科任老师都有点怕与王同学母亲交流，因为她来学校的次数太勤了。

有一次，我和王同学交流，问她回家的学习状况，她说：“我看书基本上都是装的，我不喜欢在妈妈的监视下读书，她连我上厕所的时候都会在门口盯着我……”

「2」

无独有偶，2017 届高三我遇到了一位刘姓同学的家长。

虽然学校不提倡家长送饭，但刘同学的妈妈每天晚上都会来学校送饭，几乎每天都会到教师的办公室坐坐，请求各位老师上课多提问刘同学，多鼓励。

刘同学的妈妈在和我交流的时候，不断强调刘同学成长中的辉煌：小学四年级在全市大合唱中获得一等奖，小学六年级在全省“金钥匙”比赛中获得金奖，初三在全省初中数学比赛中获得一等奖……

一开始的时候，我被刘同学妈妈的教育用心所震撼，但时间久了，我意识到这是一个问题，她告诉我：“我每天都会在楼上看着女儿上学的背影，看不见了，我还会换个窗户再看，直到看不见背影为止。”

「 3 」

这两个案例让我陷入了思考：万物皆有度，教育也不例外。

案例一中王同学的父母对孩子百般地呵护，将“保姆式”家长演绎到了极致，但他们也许当时并没有意识这个做法的危害性。

“保姆式”家长让孩子失去了成长的体验。教育的过程就是成长的过程，同时也是体验的过程。“保姆式”家长处处为孩子着想，事事为孩子而为，代劳的事情太多，这样，让孩子缺失了成长的体验，缺失了教育的体验。没有应有的体验，不仅减弱了其思考的能力、动手的能力和创新的能力，更为可怕的是他们从此失去了体验的“黄金时代”，失去了教育的有效期。此后，再多的努力也难以弥补之前的教育缺憾。而且，没有体验的教育也是不成功的教育，因为无法深入到知识的内核，无法真正运用知识，在这样的背景下，也难以真正掌握知识。

“保姆式”家长让孩子失去了成长的方向。孩子成长应该是有方向可循的，而“保姆式”家长将孩子的成长进行了一定的规划：上什么样的小学，上什么样的中学，甚至是上什么样的大学……岂不知，孩子的发展要顺应自然。这里的“自然”，就是要把孩子看成是具有个性的人，成长中的人，不断发展的人，独立人格的人。“保姆式”家长为孩子设计所谓的“方向”，仅仅是家长的期待，并不一定是孩子的希望。换言之，“保姆式”家长将自己的梦想强加给了孩子，其实这只是家长的梦想，并不能真正代表孩子成长的方向。

“保姆式”家长让孩子失去了成长的快乐。孩子的成长本应该是快乐的，他们会因为有了自主的体验而感到快乐，会因为有了成长的方向而愉悦。可在“保姆式”家长的精心管理下，一切都是父母设计好的，一切都是父母代劳的，他成长的快乐就会荡然无存。事实上，在许多时候，所谓的“差生”就是我们自己培养的，我们所谓的辛劳，叠加在本来就不快乐的孩子身上，让其更加不快乐，久而久之，他自然就成了“差生”。

「 4 」

走出“保姆式”家长的迷思，需要我们做一名合格的家长，合格的家长均有其明显的特征。

合格的家长首先要有一个科学的教育观。要深刻认识教育的目标，就是让孩子成为自己，成为优秀的自己，就是让不同的孩子成为不同的人才，而不是同质化的人才。要深刻认识教育的本质是服务，是帮助，是引领，而不是填鸭、代劳和武断，换言之，教育的主体是孩子自己，过多地干涉有违教育的初衷。要深刻认识教育的对象，他们是成长中的人，有自己的独特的个性，有自己独立的人格，有自己的价值追求。我们要做的，是让不同的孩子成为“不一样的我”，让他们真正去彰显——我就是我，不一样的花朵！

合格的家长还要掌握教育的度。大部分家长不是师范院校的毕业生，缺乏教育的专业训练，他们的教育经验更多来自自己的感悟或者模仿他人。殊不知，教育同样是一个专业化特别强的职业，如果没有专业化的教育队伍（包括家长队伍），教育的后果是可想而知的。有学者指出，要教育好学生，首先要教育好家长，因为，学生受家庭教育的影响要明显多于学校教育。可见，家长也应该“持证上岗”。

「 5 」

那位刘姓同学的妈妈，在和我们交流的时候，眼睛里流露的是满满的期待——希望班里五位教师都能全方位关注她的女儿，希望刘同学能始终考全校第一名，甚至期待学校能允许她到班级里陪读，和女儿一起走过高考最后的岁月……

我跟她说，道法自然，自然界的许多事物不断在启示我们，教育也要尊重规律。就像一名优秀的厨师，当顾客点了土豆丝的时候，厨师炒菜的时候多放一些油口感自然会更好，但如果放了2斤油，那土豆丝早就变成薯条了，你还能说这名厨师是优秀的厨师吗？

我不知道她是否听懂了，是否明了“过犹不及”“油多也坏菜”的道理。

鞋子好不好，只有脚知道。适合的教育，才是最好的教育；无论是“过度”的教育，还是“无为”的教育，都是教育之殇！